BUZZ

Publisher ANDERSON CAVALCANTE
Editora SIMONE PAULINO
Editora assistente LUISA TIEPPO
Projeto gráfico ESTÚDIO GRIFO
Assistente de design NATHALIA NAVARRO
Revisão TAMIRES CIANCI, JORGE RIBEIRO

Dados Internacionais de Catalogação na Publicação (CIP)
de acordo com ISBD

O59c
Onuki, Sonia
Constelação familiar / Sonia Onuki
São Paulo: Buzz, 2019.
208 pp.

ISBN 978-65-86077-48-3

1. Autoajuda. 2. Família. 3. Constelação familiar I. Título.

CDD 158.1
2019-997 CDU 159.947

Elaborado por Vagner Rodolfo da Silva CRB-8/9410

Índice para catálogo sistemático:
1. Autoajuda 158.1 2. Autoajuda 159.947

Buzz Editora Ltda.
Av. Paulista, 726 - mezanino
CEP: 01310-100 - São Paulo, SP

[55 11] 4171 2317
[55 11] 4171 2318
contato@buzzeditora.com.br
www.buzzeditora.com.br

sonia onuki

constelação familiar

Desfaça os emaranhados da sua vida para criar laços

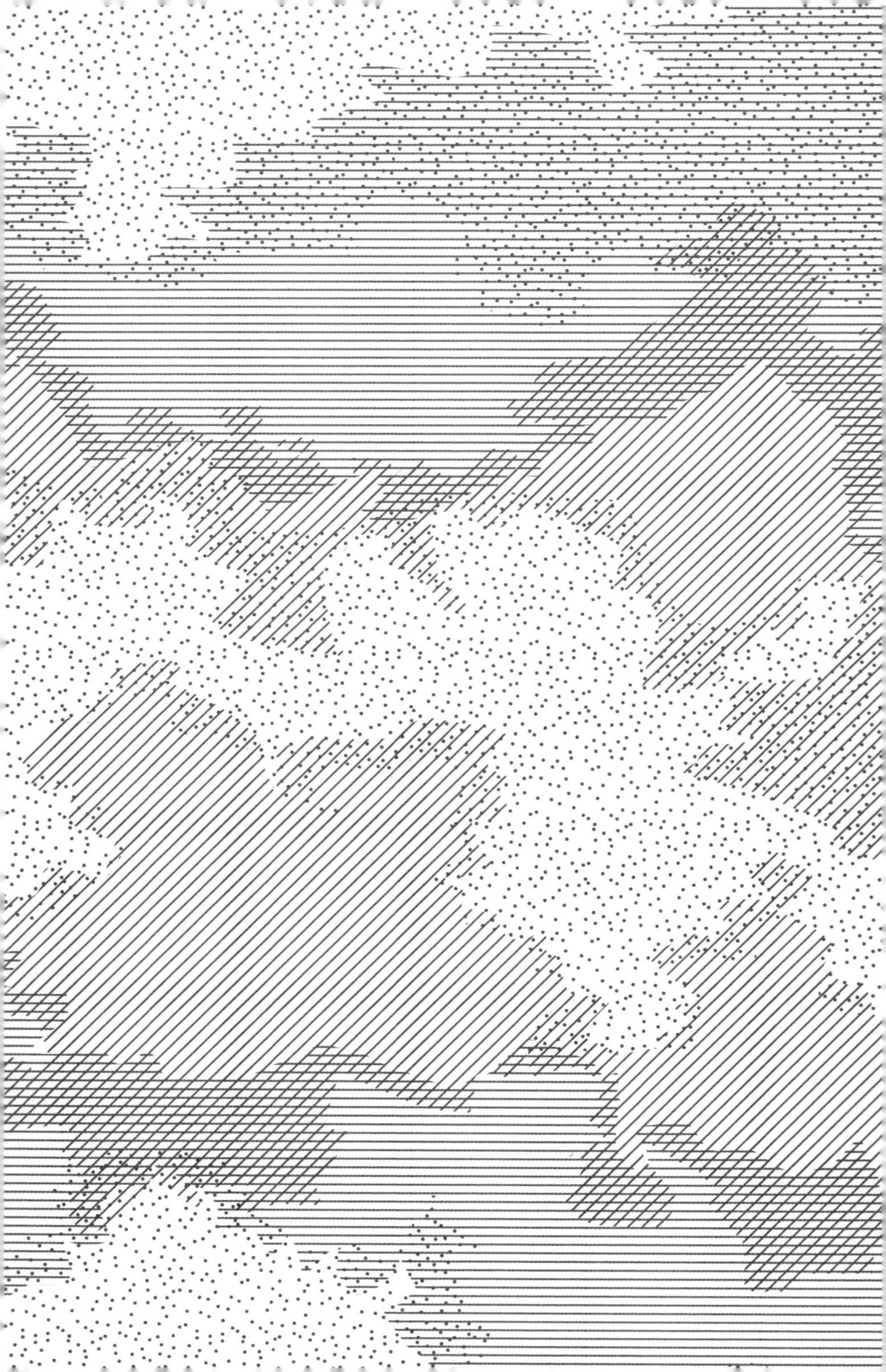

Dedico este livro, que é a expressão de tudo que acredito e honro na minha vida:

aos meus avôs, Shinkiti Onuki e Yoshitaro Sekigami, pelo passado;
aos meus quatro filhos, pelo presente;
e ao meu neto, João, pelo futuro.

Agradeço do fundo do coração à Santíssima Mãe de Jesus, Nossa Senhora, que me inspirou a ajudar Seus filhos, a resolver conflitos e a conectá-los com o poder de cura de sua família.

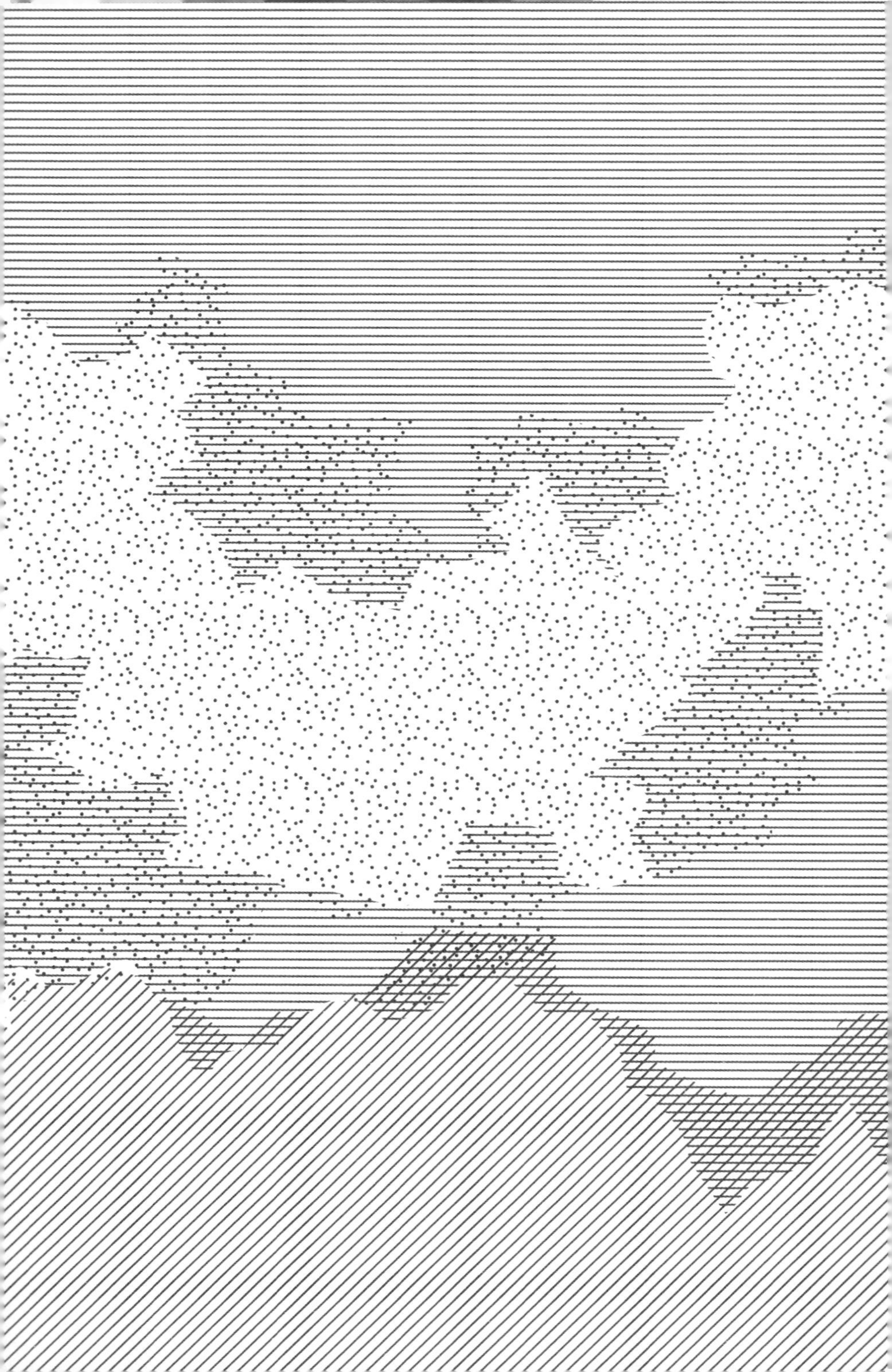

Caro leitor:

Ao longo da leitura, haverá convites para seu autodesenvolvimento. Além disso, ao final de cada capítulo, apresento uma reflexão como proposta de autoanálise.

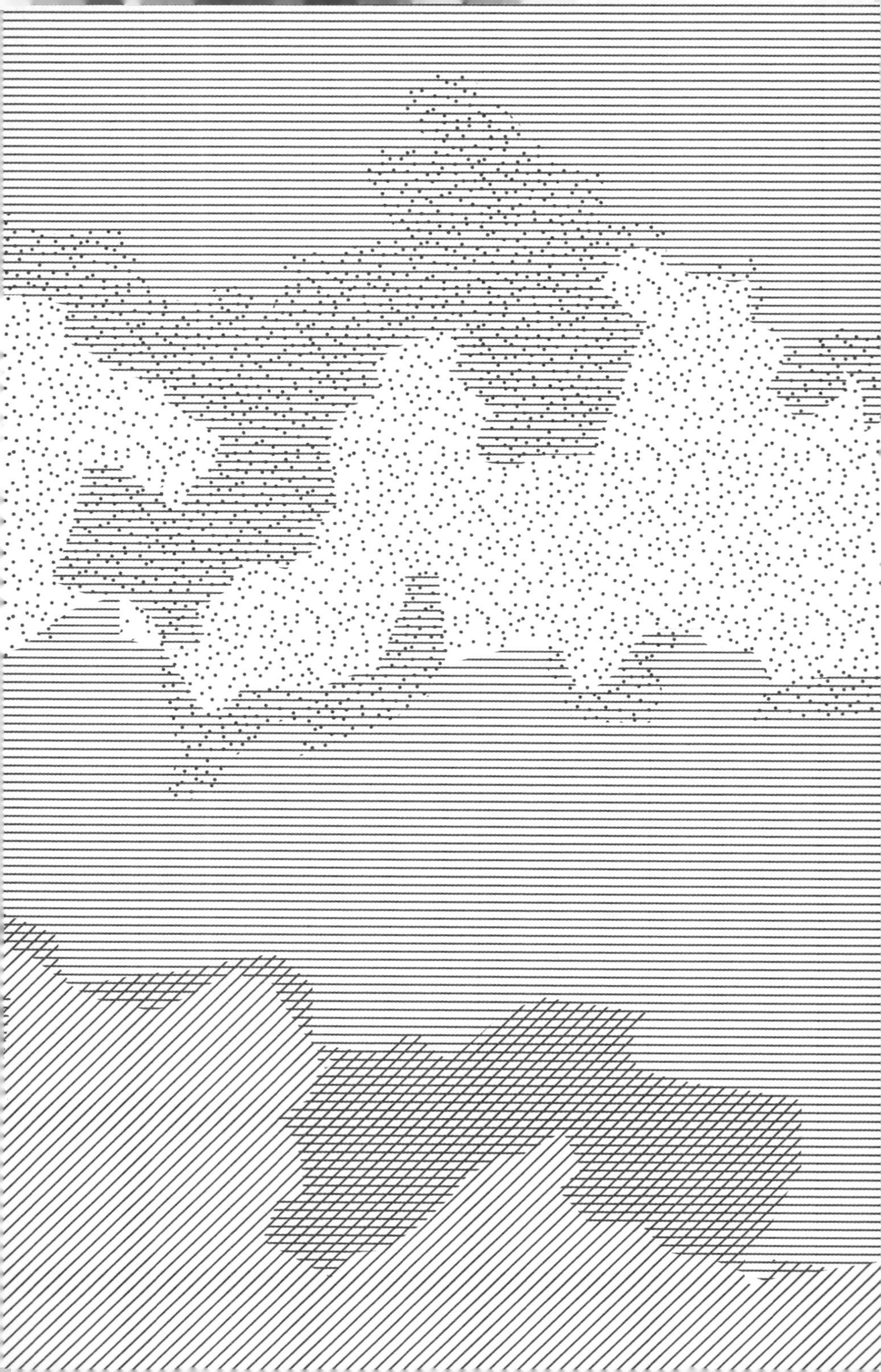

introdução

"Sempre inicie o dia com o compromisso
de fazer o certo e termine-o
acreditando ter dado o melhor de si."
Cecília Onuki

Constelação Familiar. Um nome que não dizia nada para mim até aquele dia.

Dia em que vi que tudo tinha saído do meu controle. Dia em que percebi que apenas a predisposição para amar meus filhos não era suficiente para manter a harmonia da casa. Dia em que percebi que havia muito mais coisa em jogo do que eu poderia suspeitar. Eu era separada do meu primeiro marido. Mesmo sozinha e com um filho para cuidar após a separação, tinha insistido em ser mãe novamente, e feito uma fertilização para tornar esse sonho realidade. Enquanto criava, sozinha, esses dois filhos, me vi diante de uma derrocada financeira, em que perdi tudo. Quase sem dinheiro para criar as duas crianças, acreditava que o amor seria capaz de ajudar a nos sustentar e, movida pela força desse sentimento, concordei em assumir a tutela de duas gêmeas cujos pais biológicos não teriam condições de criá-las.

Talvez a sua dinâmica familiar seja mais simples do que a que acabei de contar, talvez não.

O fato é que, diante desse emaranhado, me vi mãe de quatro filhos, lutando para me reerguer profissionalmente, ao mesmo tempo em que tentava sobreviver a todos os desafios cotidianos dentro de minha própria casa.

Em cada pequena coisa que eu me propusesse a fazer, procurava ser capaz de fazer com amor. Sabia que, através desse sentimento, eu me tornaria um verdadeiro veículo de comunicação e, dessa forma, poderia contribuir com a vida dos outros. Logo, me sentia realizada.

Decidi que começaria a estudar Constelação Familiar, pois tinha amigos que eram consteladores e afirmavam que a adoção traz emaranhamentos para nossa vida. Eu lá sabia o que seriam emaranhamentos? Só sabia que estava tudo muito complicado para mim. Hoje sei que os emaranhamentos são bloqueios, impedimentos no fluxo da vida, causados por algum desajuste na ordem do sistema familiar.

Quando reconheci o meu lugar em nossa aliança familiar, agradeci aos pais biológicos das gêmeas, por terem nos permitido esse laço de amor e demos um bom lugar em nosso coração a eles. Isso me ajudou a reorganizar nosso sistema familiar e, consequentemente, a minha vida pessoal e profissional para que florescessem. Dessa forma, as possibilidades para novas soluções foram se abrindo e, finalmente, me lancei como Consteladora.

A gente é o que é

Você provavelmente se lembra da sabedoria popular contida em alguns ensinamentos transmitidos por nossos avós. Eles parecem simples por fora, mas por dentro são realmente muito grandiosos.

Infelizmente, com o passar do tempo, muitos desses ensinamentos se perderam. Algumas pessoas, percebendo isso, começaram um trabalho para resgatá-los. O psicoterapeuta Bert Hellinger foi uma delas. Quando era missionário católico, Hellinger teve a oportunidade de visitar uma tribo de índios Zulus na África do Sul. Durante essa convivência, ele percebeu toda a grandeza na simplicidade e nos princípios que estavam arraigados na essência dos hábitos daqueles índios. Foi então que ele, que já estudava outras metodologias, criou a Sistêmica Familiar, uma modalidade recente de terapia, mas que se tornou reconhecida no mundo todo.

Muitas pessoas me perguntam: "Mas, afinal, Sonia, o que é Constelação Familiar? Como funciona?". Tem gente que só assistiu, e tem quem já tenha participado de uma sessão e todos concordam: a vida muda depois da Constelação. É improvável que a pessoa continue a ser a mesma depois de uma experiência que mexe profundamente na sua forma de ver, sentir e estar no mundo como a Constelação é capaz de fazer.

Não é só participando de uma sessão Constelação que as pessoas podem ter esses benefícios. É possível abrir toda a nossa percepção para uma nova vida a partir do simples entendimento do pensamento sistêmico, que é diferente do pensar cartesiano que divide as ações entre certo e errado.

Dessa forma, passamos a enxergar o todo: é como se tirássemos um véu que encobre algumas situações. Isso porque a amplitude do pensamento sistêmico pode fazer com que você passe a viver de maneira mais harmônica, sabendo a sua responsabilidade em todos os momentos e buscando a felicidade em todas as áreas de sua vida.

A Constelação nos ajuda com as relações traumáticas e com os conflitos do dia a dia, porque nos faz entender qual é a nossa parte em cada uma dessas situações para que possamos fazer correções em nós mesmos.

Em poucas palavras, Constelação Familiar é: *A consciência da alma familiar*. A Constelação traz consciência e um novo olhar para as relações. É cortina que se abre para que possamos enxergar o que sempre esteve ali, mas que não estávamos conseguindo ver com clareza. Quando nos rendemos ao que somos é que se dá a transformação.

Antes de começar a investigar sua vida e a de sua família, vou lhe dizer uma coisa: se você quer mudar a sua história, precisa, antes, mudar seu coração. A Constelação é como um mapa que nos permite acessar a linguagem do coração. Talvez seja por esse motivo que muitas pessoas não consigam explicar muito bem a Constelação Familiar. Porque ela não está na cabeça e não pode ser entendida pelo intelecto: ela é sentida e vivida internamente, é capaz de mudar o coração das pessoas.

Todo sistema familiar é percebido de uma forma única, inclusive por cada integrante da família. E, antes que você se pergunte o que é um sistema, vou explicar de maneira simples, com um exemplo que você conhece muito bem: seu próprio corpo. Ele é um sistema que funciona com todos os órgãos e membros interligados de maneira espetacular. Quando seu corpo está em harmonia e saudável, ele está livre de doenças. Porém, basta um defeito em qualquer órgão para desencadear uma série de problemas. Já reparou nisso? Logo, se um órgão está em desequilíbrio, os outros passam a trabalhar para compensar o problema. É só uma parte do sistema falhar que todo o sistema entra em alerta e se altera. É impossível que, dentro do corpo humano, um órgão pare de funcionar sem afetar os outros. Funciona da mesma maneira dentro da sua família e nos sistemas relacionais aos quais você pertence. Basta algo sair dos trilhos que o sistema todo entra em pane. Ou seja: na prática, cada um de nós deve cumprir a sua função em relação ao outro para o bom funcionamento do todo.

Se você está se perguntando: "Mas qual a minha função?". Ou afirmando: "Eu estou cumprindo a minha função". Vai se surpreender com o que tenho a dizer...

Todo sistema tem regras para funcionar bem e elas precisam ser respeitadas. Por exemplo: a ingestão excessiva de gordura pode sobrecarregar o fígado. Quando conhecemos as regras de funcionamento de nosso corpo e seus possíveis malefícios, ajustamos nossa alimentação. Na família, existem ajustes sistêmicos que podem fazer tudo melhorar, mas muitos de nós desconhecem essas regras e, quando percebem, os conflitos já estão instalados e não sabemos mais como modificar aquilo que parece ser irreversível.

A boa notícia é que, através do pensamento sistêmico e com a Constelação Familiar, abrem-se várias maneiras de realinharmos a rota.

Embora algumas pessoas chamem esse processo de "passe de mágica", é preciso saber que, na verdade, o fenômeno é bem mais complexo e envolve ampliar a consciência para, só então, as novas atitudes diante da vida trazerem novos e melhores resultados.

A Constelação Familiar abre a possibilidade de olhar para aquilo que antes você sequer enxergava. Isso porque enxergamos a situação familiar - seja ela qual for - como ela realmente é, e o comportamento que precisa ser ajustado para que tenhamos a harmonia que tanto desejamos. Após tomar consciência da situação, você usa seu livre-arbítrio e decide qual a atitude mais adequada para o momento.

Bert Hellinger diz que cada tragédia familiar descansa sobre uma transgressão das leis que regem um sistema. Mas que leis são estas? Existem leis que regem um sistema familiar? Sim, existem.

Por exemplo: seu corpo é formado a partir do DNA dos seus pais, certo? Pois bem, além da parte física, você também herdou um inconsciente familiar. Ou seja: você pode não ter consciência disso, mas traz características familiares herdadas de seus antepassados. E eu não estou só falando de pais e avós.

O inconsciente familiar faz parte de você da mesma maneira que o DNA. Ou seja: através dessa aliança, herdamos tudo. Não apenas as características físicas, como cor dos olhos e cabelos, mas todos os padrões que podem estar contidos na família. Imagine uma criança que foi criada sem conviver com o pai mas que, de repente, a mãe começa a perceber características do pai se repetindo nela. É esse o tipo de padrão que podemos observar na Constelação quando entendemos as leis que regem os sistemas familiares. Mas calma lá: isso não quer dizer que toda criança vai reproduzir um comportamento similar ao dos pais.

A partir desta leitura você poderá aprender que nossa consciência é formada pelas seguintes partes: o inconsciente pessoal; o inconsciente coletivo e o inconsciente familiar, que carrega a história da família, como descrevi há pouco. A consciência, por sua vez, é a parte encarregada de perceber se há ou não equilíbrio sistêmico. É ela que nos ajuda a saber se estamos ou não em harmonia com o nosso sistema de referência. Esse autorregulador da consciência é o que chamamos de sentimento de **inocência** ou de **culpa**. Temos, ainda, três níveis de consciência: a consciência pessoal, a consciência grupal e a consciência universal.

A consciência pessoal, regida pela dinâmica de culpa ou inocência, é aquela baseada na moral, no que é certo ou errado.

A consciência de grupo ou clã é sistêmica e nos vincula tão poderosamente à nossa família e a outros grupos que, mesmo inconscientemente, sentimos como exigência e obrigação para nós o que os outros membros sofreram ou ficaram, de alguma forma, devendo ao grupo.

Já a consciência universal é um movimento que nos leva à união e à aceitação, onde quaisquer interpretações separatistas por conceitos de valores perdem significado junto ao amor universal.

Meu primeiro contato com a Constelação foi quando quis entender melhor a dinâmica com as minhas duas filhas adotivas. Eu me denominava “mãe” delas e tive um susto ao saber que na verdade eu não poderia me intitular como “mãe”. As meninas, sem que eu soubesse, já tinham um vínculo com a força do pertencimento e, portanto, uma lealdade invisível à família de origem delas, que eu desconhecia.

Quando entendi o meu papel como mãe do coração, os “nós de emaranhado” começaram a se dissolver. “Porque, na Constelação Sistêmica, consideramos que os problemas não se resolvem e sim se dissolvem, abrindo possibilidades para novas soluções” e muitas das dificuldades surgem por causa de confusões nos sistemas familiares.

Na Constelação, chamamos de “emaranhados” ou de “sobreposição de contexto” essas confusões nos sistemas familiares, que ocorrem, por exemplo, quando vivemos em nossa vida o destino de outra pessoa (esteja ela ainda viva ou já morta) de nossa própria família ou sistema. Podemos estar ou não conscientes disso e, assim, repetimos o destino de outros. Essa repetição de destino é uma forma de aliança que o sistema faz para trazer os membros que foram excluídos ou não reconhecidos para o lugar que a eles pertencia anteriormente.

A lealdade invisível impulsiona a repetição do emaranhado

O que entendemos como “lealdade invisível” tem origem inconsciente e é um dos fatores que influencia nas chamadas repetições de padrões. As lealdades invisíveis são conexões que vão se estabelecendo entre as gerações, criando influências. Elas podem permanecer no inconsciente do grupo e só se manifestar numa mudança de etapa do ciclo de vida familiar, por exemplo. O nascimento do primeiro filho de um casal é uma dessas mudanças, e geralmente é um acontecimento carregado de expectativas das famílias de ambos.

Vou exemplificar emaranhados em vários momentos deste livro, para te ajudar a abrir possibilidades de soluções sistêmicas em sua família.

Eu, por exemplo, entrei em uma sobreposição de contexto ao tomar um lugar que não era meu. O emaranhamento aconteceu quando eu adotei as gêmeas, trazendo para casa todo o sistema familiar que as compunha: os pais dos pais delas e todas as gerações que vinham antes, sem honrá-los. Eu simplesmente os excluí, acreditando que as meninas eram só as nossas gêmeas, sem considerar seu passado.

Muitos pais adotivos, assim como eu, ficam extremamente felizes com a chegada do filho, sem se dar conta de que a criança é, antes, filha do pai e da mãe que lhe deram a vida. Os pais adotivos são, para mim, pais do coração e, a partir da adoção, recebem toda a carga do inconsciente familiar da criança. Tendo consciência disso, é possível começar uma linda história de amor em família ou simplesmente repetir aquela máxima: "filhos adotivos sempre dão problemas no futuro". Será mesmo? Jesus, o filho de Deus, foi filho adotivo de José, marido de Maria, mãe de Jesus.

Fato semelhante se dá quando um casal é formado.

Quando duas pessoas se unem, essa união não se dá apenas entre elas. Você traz para a sua vida todo um novo sistema que seu parceiro ou parceira carrega, como se fosse uma mochila invisível: o inconsciente familiar.

Por exemplo: vamos supor que uma mulher não se dê bem com a mãe ou o pai. Se ela nega seu pai ou sua mãe, está negando metade dela mesma e passa a se expressar também pela metade em sua vida. Nós só somos completos, se expressarmos nossos pais.

Continuando, então, vamos supor que essa mulher, que se expressa pela metade por não reconhecer um de seus pais, de repente se una a um alguém que também não reconhece um dos pais. Teremos, então, um casal formado por duas pessoas pela metade.

Sabe aquela música que diz *"as metades da laranja"*?

Pois é: encontrar uma metade é a pior coisa que pode acontecer para se começar uma relação, porque acaba sendo uma compensação. Uma relação sadia só acontece se as duas pessoas estiverem ali por inteiro. Quem está pela metade e se expressa pela metade vai perceber o outro, seu companheiro ou companheira, também pela metade.

Antes de falarmos sobre as leis que regem a Constelação, explico o Princípio Zero. Este princípio fala sobre a necessidade de esvaziar-se para receber o que se é. Reconhecer o que foi dado é perceber o que é e como é. Desta forma, ficamos disponíveis para apreender a essência daquilo que se mostra. Essa atitude interna de isenção de julgamento e amor pela vida você pode ir adquirindo aos poucos e, na medida em que avança nesta leitura, aprende como colocar na prática, sem expectativas, medos, intenções, críticas, racionalização e preconceitos, aceitando os fatos e as pessoas simplesmente como elas são. Você poderá usufruir dos ajustes sistêmicos ou, como dizem os Consteladores, usar as intervenções sistêmicas separadoras ou conectoras e soluções sistêmicas. As intervenções, por sua vez, se resumem em honrar o que foi desonrado; separar o que foi misturado; deixar ir o que precisa ir; incluir o que foi excluído; unir o que for separado.

Por exemplo, quando você aceita a pessoa por inteiro, rende-se simplesmente ao que ela é: metade pai, metade mãe e ela por inteiro. Ou seja: entender a mãe e o pai que existem dentro dele ou dela. Caso contrário, você se relaciona com metade da pessoa.

Porém, como você deve ter percebido, muitos dos relacionamentos atuais já começam com porosidade, com buracos. São relações que começam frágeis.

Um dos meus projetos de maior sucesso é o do casamento, que se chama "Amar por inteiro a plenitude no amor". Nele, eu ensino que você deve, em primeiro lugar, se casar com você mesmo.

Mas vamos voltar aos princípios.

A base da construção tem os seus princípios a serem respeitados.

As leis que vou exemplificar a seguir não foram criadas por Bert Hellinger. Foram descobertas por ele. Assim como a Lei da Gravidade não foi criada por Newton e, sim, descoberta por ele.

Princípios para se ter em mente ao longo da leitura

1. Há uma ordem na família que precisa ser respeitada. A pessoa que vem primeiro, seja um irmão ou um parceiro, toma o primeiro lugar. Os outros seguem esta ordem cronológica.
2. Há uma organização espacial básica que é preferível. Nesta ordem, os pais ficam atrás dos seus filhos, dando-lhes sustentação.
3. Os membros da família pertencem igualmente a ela. Mesmo que de fora a família pareça desunida, existe um vínculo que deve ser respeitado.
4. Todos os membros de uma família merecem atenção. Se alguém é expulso ou ignorado, este alguém será representado por um membro que nascer mais tarde, o qual irá impor a si mesmo - de maneira inconsciente - um destino similar.

5. Crianças tomam sentimentos de outros membros da família da seguinte maneira: ou os compartilham intensamente, ou os tomam para si como sentimentos não expressos.
6. As crianças são leais aos seus pais. Devido a esta lealdade, elas tendem a repetir o destino destes pais e seus infortúnios.
7. Deve haver um equilíbrio entre o dar e receber. As crianças recebem, os adultos oferecem.

Olhe para dentro. Pergunte a si mesmo:

Estou a fim de olhar para a minha própria história com responsabilidade para poder ajustar o que está emaranhado?

Estou disposto a buscar ajuda?

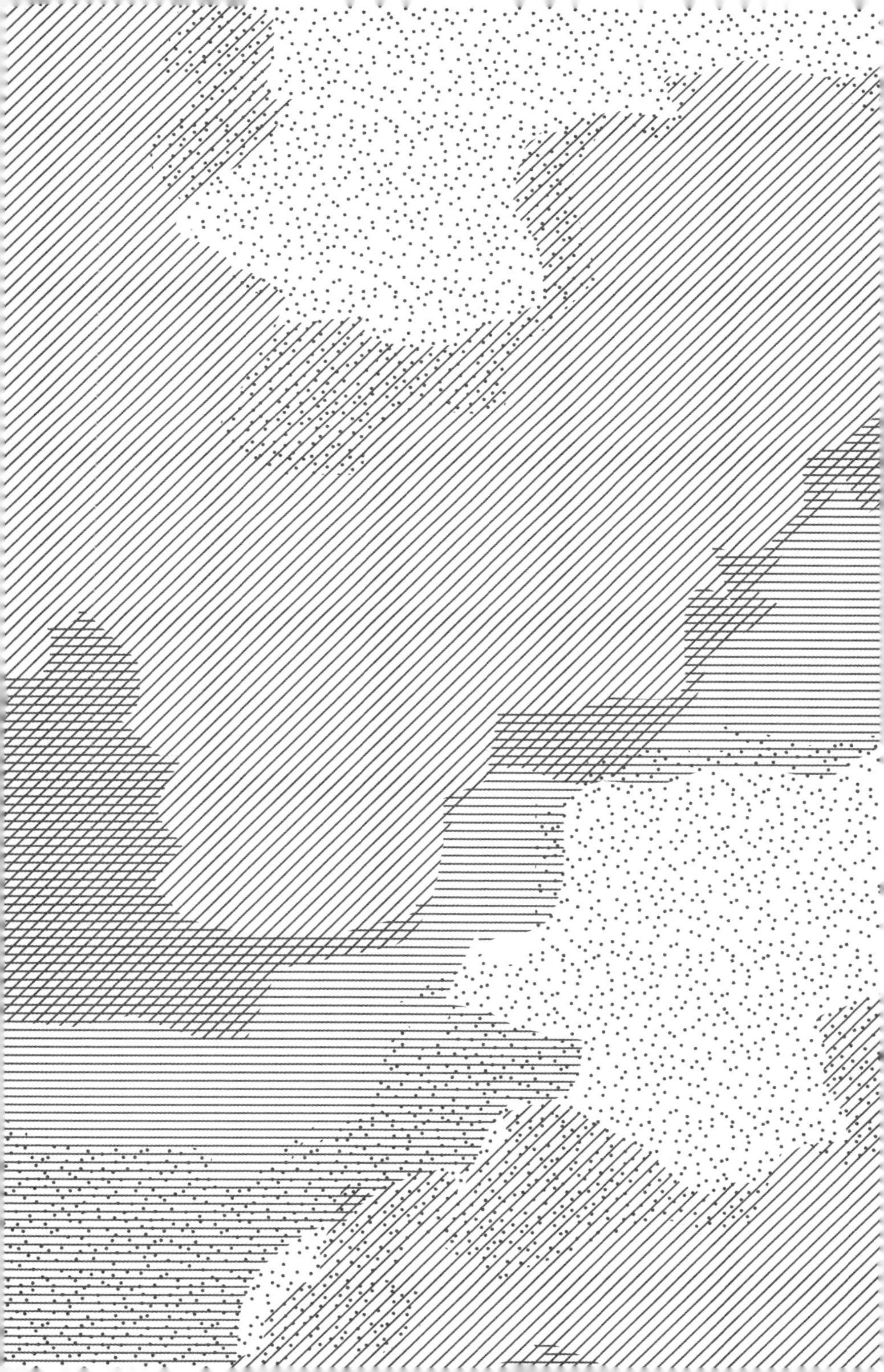

1

as leis que regem as relações humanas

Ordem e hierarquia

Decidi escrever este livro quando percebi que muitas pessoas não conseguiam entender o básico da Constelação, ou achavam que era algo muito complicado. Meu maior desafio foi encontrar um jeito simples e fácil de explicar os fundamentos de uma ciência que muda vidas. Na verdade, para trazer este conhecimento a público, precisei acessar a minha própria linguagem do coração, sem tentar fazer as coisas simples parecerem difíceis demais.

Para explicar a lei, vou contar o que acontece quando ela não é respeitada. Na **Lei da Ordem e da Hierarquia**, quem chegou primeiro tem prioridade, ou seja, existe a força da ordem de chegada e competência, quando o lugar de cada um no sistema é respeitado, a vida pode fluir e seguir plenamente, e o Milagre da Aliança acontece.

Em um casal que acaba de ter filhos, por exemplo, é comum, no início, que a atenção dos novos pais e seu tempo sejam dedicados ao bebê, deixando o relacionamento a dois de lado. E tudo bem, isso é necessário para a sobrevivência da criança recém-nascida. Porém, se essa dinâmica continuar por muito tempo, pode causar uma série de conflitos e distanciamentos entre o casal. Sabe por que isso acontece? Porque a ordem não foi respeitada. É uma lei simples.

Qual é a ordem dentro de uma casa? O casal antes dos filhos. Quando um parceiro deixa o outro de lado para colocar o filho em primeiro lugar, o desequilíbrio acontece e os conflitos surgem.

Cada membro do sistema familiar tem o seu devido lugar e um não pode querer ocupar o lugar do outro sem que isso cause um desarranjo no sistema.

O pertencimento

A **Lei do Pertencimento** diz que todos têm direito de pertencer a uma família. É comum as pessoas desrespeitarem esta lei quando fazem de conta que nada aconteceu para não pensar no passado, ou para tentar excluir alguém do convívio familiar. Para explicar brevemente essa lei, vou dizer algo simples: quando é desonrado o pertencimento, a consequência é a desarmonia do sistema. A exemplo do sistema do corpo humano! É complexo e perfeito, mas, se retiramos um órgão, outro age para compensar aquele que não está lá. Portanto, com a família, acontece o mesmo. Quando excluímos alguém, o sistema faz com que outro alguém da família represente quem foi excluído e passe a ter comportamentos do outro, como meio de sobrevivência do sistema uma forma de aliança.

Quando uma mulher exclui seu marido alcoolista da família, por exemplo, que deixou o núcleo familiar, os filhos ficam "proibidos" de gostar desse pai, que foi excluído do convívio e sobre quem não se pode nem mesmo falar. A filha mais velha dessa mulher cresce detestando bebida, um dia se casa e tem um filho. Esse filho, em certa idade, sem saber do histórico familiar, começa a reproduzir o mesmo comportamento do avô que foi excluído.

Este é um exemplo de como o sistema busca preservar a sobrevivência da família sem permitir exclusão; então, uma forma de recolocá-lo no sistema é por meio de um de seus descendentes. Assim, o neto pode trazer de volta aquela questão para a família: veja a força da aliança familiar.

Como podemos perceber isso? Quando notamos que há algo que se mantém no sistema, que se repete, seja em doenças, vícios, episódios trágicos ou em pequenas questões que bloqueiam o fluxo pleno do desenvolvimento familiar. É aí que precisamos realizar o Milagre da Aliança na família.

Há pouco tempo, tive uma lesão na coluna que me deixava travada e o pior era a dor, constante e muito irritante. Passei por vários tratamentos, porém a dor persistia. Fui buscar ajuda com os profissionais Consteladores que foram meus alunos no FOR BERND do nosso curso de formação em Constelação Familiar e verificar se poderia haver algo no aspecto sistêmico. Importante saber que quando algo não nos permite viver plenamente a vida, esse "algo" quer atenção no sistema familiar. Afinal, é na família que a vida começa e onde o amor nunca termina. Na minha Constelação, descobrimos que "aquela dor", justamente na coluna, que é o nosso pilar estrutural, me chamava a atenção para a exclusão do meu avô Onuki.

A dor veio nos mostrar uma exclusão da história familiar do meu avô e uma oportunidade para eu o honrar dentro do pertencimento. Conforme honrei meu avô, essa dor cessou. Nem sempre precisamos constelar com profissionais para identificar esses emaranhados todos. Neste livro, eu trarei exemplos práticos que podem ajudar com ajustes sistêmicos simples. Porém, se necessário, vá buscar um profissional para te ajudar através do processo de constelação para abrir possíveis soluções para suas questões sistêmicas.

O equilíbrio

Existem inúmeras pessoas que não se responsabilizam por seus atos. Tomar a vida é se responsabilizar pelos seus atos. O que isso tem a ver com o equilíbrio? Precisamos urgentemente colocar nossos cinquenta por cento de responsabilidade em tudo o que vivemos. Nada é apenas consequência de fatores externos. Culpar a sociedade, o marido, as crianças, a mãe, ou seja quem for, é não tomar a vida pelas próprias mãos.

Essa é a lei que permite a sobrevivência dos sistemas. O equilíbrio entre dar e tomar.

Isso é comum nos casais quando, por exemplo, uma parte acredita que se doa mais do que a outra, mas recebe em troca algo com a mesma qualidade, mas em outra moeda. Nem todo mundo entende isso. A pessoa se dedica num âmbito da vida, por exemplo, e espera que o parceiro ou parceira lhe traga exatamente o mesmo que dedicaram, sem se darem conta de que ele ou ela pode ofertar outras coisas que não recebe.

Cobramos do outro coisas que acreditamos serem importantes quando, na verdade, o outro está nos oferecendo uma complementação que traz o equilíbrio.

Vivemos, desta forma, uma espécie de aprisionamento. Pode perceber: algumas mulheres que hoje são emancipadas, trabalham fora e têm estabilidade financeira acabam repetindo um padrão de um momento anterior, no qual as mulheres precisavam cuidar de suas casas, algo que era a contribuição delas no equilíbrio. A mulher evolui no tempo, mas repete o padrão de sua mãe ou avó, acreditando que ela "equilibra" o lar "pagando" com o serviço doméstico, enquanto se sobrecarrega com duas atividades e cobra que o companheiro não faz nada.

Através do conhecimento da **Lei do Equilíbrio**, a mulher pode se perguntar o que tem a oferecer ao parceiro e o que ele oferece a ela. Já vi casais que se equilibravam, mesmo quando o que ele tinha a oferecer era um sexo de boa qualidade com amor e o cuidar da casa. E tudo bem, porque era aquilo que mantinha a chama da relação acesa.

Porém, se entre o casal um dos dois dá mais que o outro, isso desequilibra o relacionamento. Se um faz algo que não agrada o outro, aquele que recebeu o desagrado deve então devolvê-lo para o outro, porém com menos intensidade. Dessa forma, é possível reequilibrar o relacionamento novamente. Isso porque existe uma força entre o casal: ambos são equivalentes e igualmente adultos.

Portanto, se dentro da Lei do Equilíbrio é necessário dar e tomar ou devolver e isso é válido para todos os relacionamentos do qual fazemos parte, como fazemos para "devolver" a vida aos nossos pais? Pois é, não é possível devolver a vida aos pais. A maneira possível de equilibrar isso é sendo filhos e pessoas bem-sucedidas, dando resultado financeiro dentro daquilo que nos faz feliz e fazendo algo que seja transformador para o mundo. Isso é a definição de prosperidade e vida é prosperidade. Pessoas prósperas e realizadas em suas atividades contribuem para um mundo melhor e, assim, estão devolvendo aos pais a plenitude da vida: é isso que equilibra o sistema. Evoluímos como espécie humana quando equilibramos o sistema.

Dentro da Lei do Equilíbrio, quando dois adultos se casam, por exemplo, um deles se torna a voz de comando e lidera o casal. Muitas vezes, aquele que assume o comando tem a polaridade masculina e aquele que tem característica de estruturar tem a polaridade feminina. Mas, claro, pode ser que a mulher esteja no papel da polaridade do comando e o homem esteja na outra polaridade, e isso não gera desequilíbrio no sistema. Hoje, um dos grandes conflitos que encontramos são mulheres que querem relacionamentos, mas se veem como mulheres fortes, geradas por um clã guerreiro, e não conseguem baixar a guarda quando estão diante de um homem. Mas, quando esta mulher resolve se abrir para o amor, ela também é capaz de encontrar a fonte de uma relação sadia e harmônica.

Atualmente, são muitos os conflitos e os impedimentos que o desequilíbrio pode gerar. Inclusive nas relações entre líderes e liderados. No filme *Sociedade dos poetas mortos*, um professor assume a liderança de uma sala de aula e inspira os alunos a viverem de determinada maneira, mas um de seus alunos não tem a permissão do pai para viver desse modo e, no final, acaba cometendo suicídio.

Penso no cuidado que um líder deve tomar para manter o equilíbrio do grupo ao conduzi-lo. Cada indivíduo faz parte de um sistema familiar e, muitas vezes, as pessoas não têm estrutura para bancar certas decisões diante da família e o conflito é levado às últimas consequências. Um exemplo disso é a questão da homossexualidade, na qual o filho ou a filha quer impor aos pais sua ampliação de consciência e liberdade de ver, estar e viver no mundo. Porém, a questão não é esconder deles ou transformá-los e sim respeitar a consciência desses pais. Precisamos observar nossas fortalezas e não perder nossas características. Ver e conseguir enxergar cada um dentro do seu sistema.

Em muitas famílias com uma base matriarcal, por exemplo, o machismo estrutural da sociedade faz com que as mulheres tenham vergonha de usar a própria força. E isso as faz viver em conflito. Eu mesma passei por uma situação na qual, por um tempo, algumas pessoas que me conheciam superficialmente diziam: “Essa mulher não é macho, nem fêmea, é só uma mãe!”. Até que descobri que eu posso ser forte e ter um companheiro forte.

Inconscientemente, as mulheres fortes vêm de uma estrutura em que a história pessoal e familiar propicia que sejam assim para poder gerar o equilíbrio com a força da compensação. E como se entra numa fortaleza? Já conseguiu perceber o grande desafio do sexo masculino diante dessa geração de mulheres? O equilíbrio, neste caso, consiste em permanecer uma mulher forte, mas permitir que o outro possa entrar e convidá-lo a ingressar em sua fortaleza pessoal.

Você pode estar se perguntando: onde pode existir desequilíbrio na força de uma mulher?

Na prática, muitas mulheres fortes estão apenas trabalhando a polaridade masculina, o *yang* delas. Precisam deixar o feminino, o *yin* vir à tona, permitindo que o relacionamento seja como uma dança amorosa. Eu me comportava totalmente *yang* até que me dei conta de que meu primogênito estava casando, minha filha Bibiana estava concluindo a universidade e minhas gêmeas completando a maioridade. Foi somente no momento que voltei e retomei meu lugar no sistema constituído, equilibrando o dar e o tomar na vida, com trabalho e meus filhos, que o meu sistema atual se modificou, dando espaço para a vida amorosa, e eu me casei de novo. Literalmente, aqui, o chamado Milagre da Aliança aconteceu.

Enfim, é preciso encontrar um equilíbrio entre o dar e o receber, ou melhor, tomar. Receber é um ato passivo, tomar é apoderar-se, no sentido de conscientemente assumir a responsabilidade por aquilo que lhe foi dado.

Que tal fazer uma autoanálise de um aspecto de sua vida na Lei do Equilíbrio?

Siga seu coração.

Podemos transgredir mais de uma lei ao mesmo tempo?

Talvez você esteja fazendo a si mesmo esta pergunta, e vou explicar brevemente, antes de começar a falar sobre os conflitos que se seguem em cada estrutura familiar. Em seguida, proponho alguns ajustes sistêmicos para que você possa dissolvê-los e encontrar possibilidades de soluções para que você também possa realizar o Milagre da Aliança na sua família.

Existe uma "culpa inconsciente" que todos nós carregamos. É uma culpa inocente que habita nosso ser desde a mais tenra infância, na qual o prazer é experimentado como inocência (boa consciência) e o desprazer, como culpa (má consciência). Na inocência infantil a gente se sente culpado por tudo, incluindo quando a felicidade dos nossos pais não está plena. Sendo assim, continuamos agindo inconscientemente como crianças na questão de culpa e inocência, mesmo quando crescemos.

Por exemplo, imagine um homem que ama uma mulher e a magoa profundamente. Se, em seu mundo infantil e inconsciente, ele sente que está magoando a própria mãe, depois de magoar esta mulher, ele provavelmente vai sentir uma culpa em relação a ela e fazer tudo para compensar o comportamento ruim. Porém, compensar não é o mesmo que corrigir.

Então, como podemos ajustar uma situação como esta de forma sistêmica? Este homem precisa ampliar a consciência do adulto e ter bem definido para si que não está magoando a própria mãe. Caso contrário, vai enviar flores à mulher, mas não porque esteja arrependido e sim porque está sentindo-se culpado. Em se tratando de relacionamentos amorosos infantilizados, tudo que o prejudica será experimentado como culpa e o que o favorece, como inocência. A consciência individual é que pode fazer esse juízo de valor e se cobrar pelo pertencimento. O medo de não pertencer está sempre, ocultamente, nos sinalizando algo. Este homem, que cresceu com a culpa inconsciente pelo medo do não pertencimento, não quer ser excluído nem deixado de lado.

O início do processo de evolução da criança vem do continente intrauterino, que geralmente é percebido como um ambiente seguro; então ela nasce e segue para o ambiente familiar, que lhe fornece laços de unidade, criando vínculos (aquilo que ouvimos às vezes: "só podia ser da minha família mesmo!"). Em seguida, ela normalmente vai para o ambiente educacional, ampliando sua rede de relacionamentos. Nessa fase, geralmente, o adolescente busca a figura paterna e, muitas vezes, mesmo o pai estando presente, não sente sua presença e é comum que neste momento surjam os vícios, como uma forma de compensação dessa ausência.

Os filhos que não conseguem sair da adolescência por não cumprir os ciclos naturais da vida apresentam pouca condição de liberdade e de tornarem-se adultos. Então, encontram dificuldades para se estabelecer no âmbito social e profissional. Além disso, em todos os ambientes vão sentir a mesma necessidade de pertencimento.

Existe uma geração de homens que se conservam como adolescentes porque não saíram do papel de "filhinhos da mamãe". Geralmente, esses "filhinhos" encontram como parceiras mulheres que sentem a necessidade de ser "mamães". Logo, uma relação como esta já começa com sobreposição e emaranhada, porque essa mulher não tem a clareza de que quer um homem e acaba acolhendo uma criança. E o homem, por sua vez, precisa achar a mulher, não a mãe. E a mulher precisa encontrar o homem, e não acolher aquele filhinho que busca um colo. Quando casamentos começam desta maneira, é comum ver o homem, que tinha este papel de "filhinho", sentir-se sufocado pelos cuidados da "mãe" em pouco tempo. Logo, ele tende a buscar a liberdade, porque mal consegue respirar.

Portanto, é preciso estar sempre ciente de que o amor infantil e imaturo pode criar a doença, enquanto o amor adulto, maduro, pode trazer a cura. Pense nisso e abra-se para realizar milagres em você e em seus sistemas.

Como nascem os famosos "emaranhados" ou as "sobreposições de contexto"

Dentro de uma família, os conflitos podem surgir, infringindo as leis que regem o sistema familiar. Os emaranhados ou bloqueios surgem quando infringimos as leis que regem o sistema.

Por exemplo: se, na sua casa, um quer tomar o lugar do outro, isso é uma sobreposição e traz conflito. Se um casal se separa e há um filho que se acha no direito de assumir a postura de pai no núcleo familiar, assumindo a voz de comando, ele imediatamente está criando um emaranhado para ele mesmo. Ele está em uma sobreposição de papéis e, portanto, está infringindo a Lei da Ordem.

Parece simples, mas a premissa de cada um no seu lugar nem sempre é respeitada dentro das famílias. Muitas vezes, até pela necessidade da família, quando o pai vai embora e o filho mais velho ou os filhos precisam lutar pela sobrevivência familiar e assumem um o lugar na vida do outro. São filhas querendo cuidar das mães carentes. Mães que se colocam no lugar de irmãs das filhas. Filhos que querem assumir o lugar do pai dentro da casa. Irmãos mais novos que querem ditar o comportamento dos mais velhos. Uma verdadeira sobreposição de papéis hierárquicos. A hierarquia e a ordem são imprescindíveis para um equilíbrio do sistema.

Em um relacionamento amoroso, por exemplo, pode existir algo fora da ordem que desajusta a harmonia do casal. Uma mulher que teve um amor intenso na juventude e segue acreditando que nada poderá superá-lo não consegue deixar aquele amor no passado, que é o seu devido lugar. Pode ter sido o primeiro amor e deve ser respeitado como tal, mas, se ela continua com aquele amor no coração ainda no presente, como é que poderá abrir espaço para um relacionamento saudável quando sente que aquele que preencheu muito espaço não pode ser esquecido? Cada um tem seu lugar dentro do sistema. Ninguém irá substituir aquele amor e, para que venham outros, ela precisa honrar e reconhecer o que ficou no passado. Cada um tem o seu espaço: o coração é tido sistemicamente como o maior e mais amplo de todos os órgãos do ser humano, pois dentro dele cabem todos, sem exclusão.

Também é comum, nos relacionamentos amorosos, que as pessoas saiam de uma relação e partam para outra sem tirar um tempo para honrar o que viveram na relação anterior. Ou, então, há quem queira abandonar um passado como se começasse outra vida da noite para o dia; ou quem deseje iniciar um relacionamento sem considerar e respeitar as relações anteriores do seu atual parceiro.

Um exemplo clássico e que eu já vi muitas vezes é o de filhos corrigirem o que foi deixado pelos pais ou seus antepassados.

Ou seja: um homem que deseja deixar a vida de esbórnia, decidindo se casar e fingindo que jamais viveu aquele tipo de vida, abandonando e negando o próprio passado. Este homem, quando tem sua primeira filha, pode encontrar nela seu maior desafio: uma menina que se tornará, inconscientemente, por causa da lealdade invisível, aquilo que seu pai excluiu.

O sistema cobra a aliança e não aceita exclusão. Ele encontrará um jeito de trazer aquela realidade à tona. Além de pai e mãe e todos seus ancestrais, também fazem parte do sistema familiar todas as relações afetivas anteriores da mãe e do pai, passando por eventuais amantes, sejam dele ou dela.

Na Constelação Familiar, aprendemos que, se você não faz a tarefa na vida, alguém a fará por você.

No filme *A vida é uma festa*, isso acontece com o personagem principal. O filme conta a história de Miguel, um garoto mexicano apaixonado por música, numa família que não permite nenhuma menção a ela. O tataravô de Miguel, um músico, abandonou a família anos antes para seguir o sonho de uma carreira musical. Este fato transformou a música em um tabu na família. Assim, a lealdade invisível faz as pessoas respeitarem esse afastamento e, embora não saiba da história, Miguel se identifica com a música. No entanto, isso gera uma oposição familiar e começam os conflitos.

Assim, é possível traçar um paralelo entre a obra cinematográfica e uma das Leis da Constelação, que é a da Aliança do Pertencimento. Em todo o filme, percebemos como o esquecimento e a exclusão de um integrante gera movimentos de compensação no sistema. Por causa da música, Miguel também se afasta da família. O filme brilhantemente conduz o personagem ao encontro com seu destino de forma a curar as relações e ajustar o sistema.

A origem dos conflitos familiares nem sempre está explícita e muitas vezes descumprimos mais de uma lei quando temos determinado conflito.

Para criar uma harmonia inicial, devemos perceber e respeitar que um casamento é um sistema que deve honrar dois outros sistemas. Exatamente a visão de mundos diferentes que formam um novo mundo, complementando-se uma à outra.

No entanto, já parou para reparar a quantidade de pessoas que não conseguem uma harmonia familiar quando nasce um filho? Alguns agem de maneira impositiva, querendo que a criança siga apenas as suas regras familiares, sem respeitar que cinquenta por cento do filho veio do outro sistema.

Esse equilíbrio é necessário e precisa ser respeitado. Os dois adultos precisam estabelecer novas regras entre si para criar filhos em ambientes saudáveis, respeitando o que cada sistema tem.

É comum também que, quando nasce uma criança, os avós sintam a necessidade de transmitir sua vivência e muitas vezes são impedidos por seus filhos, talvez pela crença de que os avós "estragam" as crianças ou pelo medo de perder território e, com isso, perdem também a oportunidade de ter uma convivência sadia entre neto e avós, além da ótima lição de experiência compartilhada.

Para ajustar o sistema, caso você se veja dentro dessa configuração, é preciso mudar o rumo do coração, ou seja: aprender, acolher a vivência do outro e fazer do próprio jeito. Negar um aprendizado é negar a experiência da vida e também de uma preciosidade, um legado que amplia e traz informações de acesso transgeracionais e, por vezes, bastante remotas na estrutura familiar. Dessa forma, ao negar um aprendizado, passa a negar grandes oportunidades de crescimento.

Mas os conflitos podem se dar de muitas maneiras: alguns adultos, ao contrário dos que impõem limites demais aos próprios pais, se casam e não colocam limite algum, continuando a exercer o papel de filhos, sem autonomia no novo lar, e seus filhos ou a própria família acaba à deriva, sem um porto seguro.

Todo adulto precisa de autonomia sobre seu lar. Se ainda estiver vinculado à família de origem, trará consigo as mesmas cargas e padrões de comportamento, sem conseguir criar uma nova mecânica de vida.

Isso é uma das origens de muitos conflitos familiares atuais.

Se eu fico vinculada a meu pai e minha mãe, eles começam a interferir dentro do meu sistema. Por exemplo, uma mulher que deixa seus pais entrarem no sistema familiar constituído através do casamento, ignorando o papel da outra pessoa. Muitos homens fazem o mesmo. Assim, o núcleo familiar, composto de casal que, embora sejam dois indivíduos adultos, ainda se comportam como crianças, deixando a nova família comprometida, vinculada à família de origem.

Cada um deve respeitar a origem, a história, agradecer e seguir em frente, caso contrário, não acontece o crescimento do casal enquanto tal.

Filhos que não conseguem se desvencilhar dos pais, mesmo quando adultos, carregam aquela culpa inconsciente e uma inocência infantil. Culpam-se pelas próprias conquistas e não conseguem a plenitude; quando cuidam de seu próprio filho, é como se algo lhes faltasse, há um pequeno vazio. Alguns até conseguem o sucesso profissional, mas a troco de muito sacrifício pessoal.

Para ter prosperidade, é necessário ter plenitude familiar. Isso é honrar seu pai, sua mãe e tomar a vida na sua plenitude.

Se os pais invadem a casa dos filhos, a consequência é complexa e dolorosa, já que os netos terão dois comandos. Esse desequilíbrio, seja de pertencimento ou hierarquia, é conflituoso para a criança, pois corre o risco de viver dois mundos.

É comum crianças adoecerem dentro de sistemas desequilibrados, que são gerados, como já mencionado, a partir do desrespeito às leis.

Agora que você já sabe o que é um sistema, quais são as leis que o regem (Lei da Ordem e da Hierarquia, Lei do

Pertencimento, Lei do Equilíbrio) e como surgem os conflitos, antes de falar um pouco sobre os bloqueios mais comuns dentro das famílias, quero lhe ensinar a ter uma postura fenomenológica que requer uma disposição para esvaziar-se, tanto em relação às ideias preexistentes quanto aos movimentos internos, sejam eles pertencentes à esfera do sentimento, da vontade e, principalmente, do julgamento. De modo que você possa ter, neste livro, o seu livro de cabeceira para a família.

Agora, convido você a iniciar seu posicionamento em sua família. Será preciso fazer três listas:

1. Faça uma lista do seu lado paterno: o nome de seu avô, avó, seu pai e irmãos dele (você deve incluir todos, por exemplo: se tiver um tio que seja filho do avô e não da sua avó, inclua-o na sua lista da família).

2. Faça o mesmo com o lado materno.

3. Por último, faça a lista da sua família de origem: comece com o nome de seu pai e em seguida o de sua mãe e depois de seus irmãos, inclusive o seu, iniciando do mais velho até o caçula, incluindo possíveis abortos, natimortos e filhos fora do casamento.

2

a vida em família

"Olhe no olho das pessoas, respeite e faça se respeitar."
Pedro Onuki

"Cuida de tudo. Você sabe cuidar de tudo." Eu ainda era criança quando ouvi esta frase da minha mãe em seu leito de morte. Ela me olhava nos olhos profundamente e me transmitia muito mais que confiança. Deixava-me uma herança pesada. Cuidar de tudo, a partir de então, tornou-se minha obrigação.

Quando adulta, eu não sabia delegar nada. Cuidava de quatro filhos, mesmo enfrentando fardos constantes. O papel de cuidadora da minha família de origem ficou arraigado na minha personalidade.

Trabalhava de domingo a domingo, acordava às quatro da manhã, fazia a vida acontecer, gerava possibilidades, lidava com todos os desafios, numa sobrecarga pesada.

Muitas vezes, pensava em meus pais, cuidando juntos da churrascaria onde trabalhavam. Meu pai no caixa, minha mãe cuidando da salada. Recordava-me de tudo o que tínhamos passado em família. Percebi padrões que se repetiam ao longo de nossa existência familiar. Meu pai ajudava todo mundo, das falências nos negócios às retomadas profissionais, até que atingissem o sucesso familiar.

Se você parar para olhar a história da sua família, vai perceber alguns padrões de comportamento que continuam a se repetir. Compartilho com você um episódio sobre alimentação. Eu trabalhei para o Sebrae de 1989 a 2017 e, mesmo que fosse comum, como consultora, ser a primeira da fila na hora do almoço, para agilizar o processo, eu sentia uma ansiedade fora do comum para ser uma das primeiras a me servir: era como se, dentro de mim, ressoasse que a comida iria faltar.

Resolvi constelar essa ansiedade muito tempo depois, e foi então que descobri a questão da minha avó e de meus ancestrais, que tinham passado muita fome quando vieram para o Brasil. Eu estava identificada com a dor da minha avó, ela era de origem ilustre vinda de uma família com posses. A fome, para ela, além do sofrimento, representava um sentimento de falta, de perda muito grande. Essa sensação de perda era da minha avó e se traduzia em mim como medo de passar fome, formando um sentimento misturado. No ajuste sistêmico que fiz, separei o que estava misturado com a história de minha avó.

O que acontecia comigo, naquele momento, era uma sobreposição de contexto com a minha avó. Ou seja: eu não precisava passar aquela fome. Eu entrava no lugar da minha avó, tendo visceralmente a fome que ela tinha. A fome e a raiva eram viscerais. Eram mais ou menos o mesmo sentimento. Eu trazia esse sentimento por lealdade, o que chamamos em constelação de **lealdade invisível**.

É importante que você saiba também que isso não é consciente. É inconsciente. Está dentro de uma memória familiar. Lembra da aliança? Sim, era uma lealdade familiar.

Porém, é importante ressaltar que nem sempre é assim, porque dizer "é sempre assim" é um pensamento cartesiano, enquanto o pensamento sistêmico se baseia na premissa de que temos amplitude nas respostas.

O pensamento cartesiano está baseado em "certo ou errado" e na verdade, as coisas são muito mais amplas. Podemos enxergar mais. Não é sempre um único foco. Se uma mulher briga com um homem, podemos enxergar aquela relação porque não é possível enxergar a totalidade das relações do sistema do homem e da mulher.

Estamos vendo apenas o contexto daquela relação; vermos o contexto de ambos os sistemas se relacionando é o pensamento sistêmico.

No pensamento sistêmico, portanto, não dá para a gente afirmar que "é sempre assim". Pode ser que seja, mas pode ser que não, de acordo com o contexto em que aquilo se apresenta.

Antes de estudar Constelação Familiar, eu ainda não sabia o que eram emaranhamentos sistêmicos, sobreposição de contexto e, portanto, não tinha como realizar ajustes sistêmicos. Para reforçar seu conhecimento, é preciso que entenda que, no sistema, cada elemento tem o seu lugar.

Isso significa que a base principal é que pai e mãe devem ocupar cada um seu lugar de destaque no sistema familiar, pois os filhos dependem deles para sobreviver. Esse é um conceito principal, essas necessidades se estabelecem para a sobrevivência do sistema. E esse núcleo é o primeiro sistema. Quando os filhos constituem uma nova família, esta família passa a ter prioridade no novo sistema e a família original passa a ocupar um segundo lugar.

Este é o cenário, embora você deva conhecer famílias que não sejam fiéis ao sistema atual.

Essa abordagem que observa e percebe o fenômeno que se dá em determinado sistema familiar específico, olhando para isso sem julgamentos e interferências, chamamos de Fenomenologia Sistêmica. O modo isento de posicionar esses elementos, observar suas relações, entender e desvendar as estruturas e realizar as intervenções necessárias chamamos de Constelação Familiar.

Você não precisa acreditar em Constelação Familiar para entender que ela existe. É um trabalho sistêmico, um fenômeno, e quer você queira ou não, o impacto do inconsciente familiar faz parte do seu sistema hoje. Por um amor inocente aos pais, as crianças assumem para si culpas e responsabilidades que são deles, com o objetivo de manter o sistema unido.

A criança não sabe que está tomando aquela decisão, mas ela toma, e essa decisão repercute ao longo da vida até que seja ajustado ou que se realize o Milagre da Aliança familiar.

Um menino de quatro anos cujo pai faliu, por exemplo, deixando a família na miséria, pode vir a se sentir culpado por essa situação; então, aos trinta anos, esse filho também pode vir a falir, por uma identificação inconsciente com o pai. Veja: este filho não tem consciência do que acontece nem por que aquilo acontece, mas passa pela mesma situação.

Talvez você tenha um desencontro com sua família, mas, em regras gerais, compreender e aceitá-la é entender que o passado não pode ser mudado. Acredite: o que aconteceu em sua história já passou e aquela foi a única forma possível que a vida encontrou de seguir adiante.

Quando começamos a aceitar e a entender o pensamento sistêmico, já modificamos nossa vida porque não agimos mais com base em teorias "e se". Não adianta perguntar o que teria acontecido "se" os seus pais não tivessem se casado ou se você não tivesse se relacionado com o pai ou com a mãe de seus filhos! Então, você não teria existido e seu relacionamento da mesma forma também não. Esse "se" não é real, é apenas uma suposição de "e se".

Da mesma forma, a história da minha mãe e do meu pai, da maneira como aconteceu, não pode ser alterada. Eu não posso especular "se" minha mãe não tivesse morrido ou dito o que me disse. "Se" eu não tivesse ido para o colégio interno.

"Se" todas as situações não tivessem acontecido. Eu olho para o meu passado e me rendo ao que aconteceu, o que foi.

Aceitar nos faz ver a realidade tal como ela é e render-se nos permite crescer. Negando o que ocorreu em nossa vida continuamos na fase inocente da infância. E os inocentes continuam crianças.

Essa decisão de olhar e aceitar as coisas como elas são, por si só, nos libera do emaranhamento e nos permite sair da inocência e crescer de forma responsável. Quando estamos prontos para fazer isso, não ficamos julgando as pessoas como culpadas ou inocentes ou boas e más. Deixamos os relacionamentos nos enriquecerem. É comum as pessoas fazerem releituras da própria vida buscando culpados ou vítimas de situações específicas. Mas, para que possamos crescer, é preciso deixar o outro ser tal qual ele é.

Você deve estar se perguntando sobre a possibilidade de "melhorar" seu companheiro ou companheira. Pois é. A premissa dos relacionamentos saudáveis é deixar o outro ser o que ele é e ser exatamente como somos. Somente dessa forma conseguimos transformar certas amarras do passado em laços de respeito.

Costumo dizer para meus alunos e pacientes que buscam saber mais sobre as leis que regem os relacionamentos e que querem descobrir como realizar o Milagre da Aliança que, além de saber o posicionamento correto, é importante fazer os ajustes que vamos ensinar neste livro.

Convido você, antes de continuar sua leitura, a dar uma pausa e olhar amorosamente para a história de sua família, percebendo os padrões de comportamento que se repetem.

Talvez sua intenção seja realmente não ter mais crises em família e, antes de mais nada, saiba que só a consciência das crises já é um ganho considerável, porque crescemos com elas.

Uma nova consciência familiar

O fato de tomar consciência de determinados fatos não é para gerar culpa por algo que tenha lhe acontecido. É para que você tenha a oportunidade de gerar mudanças.

Não podemos nos culpar por não termos consciência a respeito de alguma coisa.

Quando meus filhos eram pequenos, eu morava em um condomínio. Em um determinado momento, passei a sentir um forte cheiro de urina quando chegava em casa. Procurei por todos os cantos e não encontrava urina em lugar nenhum. Porém, como o cheiro era marcante, fui procurando, até que cheguei ao pano de chão que, embora estivesse branco e limpo, cheirava a urina. Perguntei à pessoa responsável pela limpeza se era aquele o pano com que ela limpava o chão, e ela disse que sim. Indaguei pelo cheiro de urina no pano e ela prontamente me respondeu que também sentia. Estranhei, pois era um pano bem branquinho, como eu já disse. E perguntei: "onde você lava esse pano?", e ela respondeu, sorrindo, que o lavava no vaso.

Assim, eu descobri que ela não estava sendo irônica e conheci a história familiar daquela moça. Ela tinha acabado de chegar de uma comunidade bem precária, onde a única água que havia para uso ficava no barreiro, que é parecido com um pequeno açude, formado pela água barrenta captada com a chuva. Logo, ela acreditava que aquela água incolor, após a descarga, fosse limpa e própria para lavar os panos.

Ela não tinha conhecimento disso. Podemos culpar essa jovem? Não. Porque ela desconhecia algo de que tínhamos conhecimento. Acredito que esse episódio proporcionou um grande crescimento para aquela moça, assim como para minha vida.

Quando ganhamos conhecimento acerca de algo, é como se essa autoconsciência nos apontasse o dedo e dissesse:

“nossa, como agi assim por tanto tempo?”, no entanto, como vimos, não podemos nos culpar por termos agido de determinada maneira, se não tínhamos o conhecimento devido.

Há pouco tempo fiz uma viagem com meu marido e amigos para o exterior. Durante um dos passeios, uma das mulheres que estava conosco disse: “Ai, que alegria, hoje consegui ligar o chuveiro! Que banho delicioso”. Algumas pessoas começaram a zombar e a julgá-la, porque estávamos lá fazia cinco dias. Alguém pergunta, finalmente: “Então a senhora não tomou banho todos esses dias?”.

Ela respondeu que tinha tomado banho, claro, mas só com a ducha. Foi aí que as pessoas se entreolharam. Pois, assim como ela, muitos estavam tomando banho só com a ducha até aquele dia. Ela nos trouxe a informação de que havia um disjuntor na parede, que ligava um grande chuveiro acoplado ao teto, e a água saía através das luzes coloridas.

É natural que tenhamos esse ímpeto de julgar o outro sem saber que ainda não adquirimos o nível de consciência que aquela pessoa adquiriu. Literalmente, tomamos banho de ducha e lavamos o pano de chão no vaso sanitário o tempo todo e, quando finalmente temos pequenas tomadas de consciência, não conseguimos mais regredir e agir da maneira como agíamos anteriormente: evoluímos. É assim que acontece com sua família quando você adota os pensamentos sistêmicos e equilibra seus sistemas.

Hoje minha missão é disseminar conhecimento com o embasamento da ciência e do pensamento sistêmico através das várias técnicas e ferramentas que podem ajudar a ter uma harmonia em família e com seus descendentes, quebrando um ciclo de sofrimento. Ao mesmo tempo, me dedico a formar novos profissionais de Constelação Familiar e de práticas positivas sistêmicas, porque sei que podemos nos ajudar mutuamente quando curamos os sistemas familiares.

As curas familiares reverberam de forma boa na sociedade. Pessoas curadas curam as outras. Pessoas doentes adoecem sistemas. Aconselho a todos que tiverem oportunidade, mesmo lendo este livro e entendendo alguns ajustes que podem ser feitos diariamente na maneira de pensar, agir e conduzir a vida, que passem também por uma Constelação Familiar.

Vivemos em um país onde a Constelação cresceu numa escala muito grande em qualidade profissional. Existem muitos consteladores conscientes, atuando para auxiliar as famílias.

Porém, quando afirmo que ter uma nova consciência familiar o faz modificar suas atitudes em relação ao outro, não estou querendo dizer que a outra pessoa vá deixar de fazer coisas que podem eventualmente irritar você.

Por exemplo: em algumas famílias, um dos pais pode fazer de tudo para agradar ao filho, enquanto a outra parte discorda. Presentear em excesso, ter uma atitude muito permissiva com as crianças etc.

Esta é uma dúvida frequente nas redes sociais. Homens ou mulheres que entendem que acordos são importantes, mas frequentemente veem estes acordos serem quebrados pelos parceiros. Recentemente, tive um caso de uma mãe que proibia celular para a criança, mas o pai presenteou a filha com o aparelho. O acordo que fizeram, desde então, foi que, como ela era contrária a esta atitude, preferia que a criança só usasse o celular quando estivesse com o pai.

Precisamos entender que, se não existe respeito entre os pais, sejam eles casados ou não, será difícil para que os filhos consigam construir uma relação de respeito futuramente.

Os pais e mães precisam ter consciência sobre o papel que lhes cabe em relação aos filhos, que é o de cuidador. Os pais são responsáveis por dar continente para que o filho cresça até que este saiba se nortear a partir de determinada idade, momento em que precisará seguir com autonomia.

O domínio do que é saudável ou doentio não é da criança, e sim do adulto, que deve agir com bom senso, mesmo que a sua ação gere, a princípio, raiva na criança.

Esta quando faz birra e os pais dizem que "é feio fazer isso". Tá aí uma situação que requer o olhar atento e amoroso dos pais, para estabelecer o equilíbrio necessário à educação do filho.

A raiva não expressa pode se transformar em doença autoimune. Além disso, pode se transformar no amor enlouquecido, que é o ódio. A raiva precisa ser expressada naturalmente pela criança. Os filhos podem expressar raiva, mas não podem desonrar os pais. Devemos ensinar os filhos a expressar raiva, dizendo que ela é legítima, caso contrário, como eles irão expressar essa raiva como adultos?

Vivendo com essa raiva, esse sentimento vai crescendo dentro da pessoa e pode acabar se tornando tamanho ódio até que não seja possível saber quando e como surgiu.

A raiva expressa nos leva para a solução. A raiva embotada cresce e enlouquece dentro de você. A raiva e a frustração movimentam a gente em direção a alguma coisa. Geralmente, à resolução. Existem casos em que a raiva não é reconhecida, mas, no caso dos adolescentes que sentem raiva de seus pais, essa raiva é legítima. Se a mãe diz "não" e o filho sente raiva, ele emburra e recolhe aquele choro.

Mas fica com raiva naquele momento.

Muitas vezes, a mãe ou o pai não entendem que precisam deixar o outro ficar emburrado com eles. É normal sentir angústia, mas é preciso dar o direito de os filhos sentirem raiva para que eles cresçam. É saudável estabelecer limites. Algumas crianças fazem isso automaticamente ao dizer que não querem conversa naquele momento.

Por isso sempre digo que o nosso instinto precisa ser domado, não reprimido, assim como o medo desproporcional. O instinto nos faz sobreviver. Curioso como quando falo sobre impor limites nas relações, no sentido de olhar para os sentimentos que devem ser olhados e não ignorados, muitas pessoas esquecem que a Lei do Amor deve ser mantida acima de tudo e acabam afastando as crianças das relações.

Os pais precisam se responsabilizar pela condução de seus filhos da mesma maneira que os irmãos mais velhos precisam se responsabilizar e conduzir os mais novos. Os mais novos devem respeitar e obedecer aos mais velhos quando pequenos e, quando grandes, devem peneirar, porém sempre respeitar.

Muitos filhos se colocam acima dos pais e sofrem como consequência um vazio interno. Ou crescem, ganham dinheiro e não conseguem usufruir dele. Isso tudo é amor cego. Você pode senti-lo. Mas o que não pode é esconder a raiva sob o manto da arrogância. Muitas vezes, o sentimento de raiva permeia a relação entre pais e filhos.

Portanto, é importante ressaltar que estabelecer uma hierarquia fazendo toda a família entender que filhos são filhos e pais são pais e os pais vêm primeiro na relação é diferente de excluir os filhos.

Por exemplo: certa vez uma mãe, que sempre tinha uma postura acolhedora, ficou confusa quando falei sobre aceitar a raiva e deixar as crianças expressarem aquele sentimento. Ela tinha o ímpeto de sempre fazer o que os filhos queriam para não contrariá-los. Quando começou a perceber que educar era diferente de agradar e que, em certos momentos, ela os desagradaria, mudou de atitude, mas entrou em conflito consigo mesma, porque, em determinadas noites, quando as crianças precisavam de acolhimento na madrugada, seu coração queria acolher os filhos e ela achava que não deveria.

O que as pessoas precisam entender é que, se uma criança tem um medo, um pesadelo ou precisa de carinho e naquele momento tem necessidade de deitar na cama dos pais porque precisa de um colo quentinho, os pais devem estar emocionalmente disponíveis para recebê-la. Pode ser uma eventualidade, não tem que virar rotina, de forma que a criança não consiga dormir sozinha. É preciso deixar os filhos crescerem. Para o desenvolvimento psicológico deles próprios. A criança precisa da sua individualidade e a formação da individualidade a faz crescer.

À medida que tomamos uma nova consciência familiar, agimos de maneira mais madura entre adultos e em relação aos filhos.

Já vi pais que envolviam crianças em situações familiares sem a menor necessidade. Pais que criavam conflitos na cabeça das crianças por não terem maturidade para resolver seus conflitos sozinhos.

Quando o casal quer ficar junto, é justo e legítimo que briguem e tenham opiniões divergentes. As brigas propiciam o crescimento, principalmente quando partem para a resolução dos conflitos.

Muitos pais, na ânsia de se tornarem seres santos e sagrados diante dos filhos, querem demonstrar que não erram, nem discordam diante deles. Ficam parecendo aquela família de pote de margarina. Então, a criança não entende o que é uma discussão saudável e que é possível conviver e discordar ao mesmo tempo até que se encontre um encaixe.

Sempre digo que as brigas são possibilidades de crescimento porque um conflito faz com que você avance. Um casal que evita brigar para evitar desconforto está perdendo uma grande oportunidade de crescimento.

Brigar é diferente de partir para o embate físico, moral, emocional ou de apenas discutir relação. A famosa "DR" dos casais para "evitar" as brigas pode deslegitimar a raiva que surgiria só durante uma briga. E não é porque a pessoa não correspondeu às suas expectativas que você vai deixar de amá-la.

Portanto, qual a maneira mais fácil de sair de um conflito?

As crianças fazem isso sem culpa. Quando estão brincando e sentem-se contrariadas, elas pegam a bola e vão embora. A brincadeira acaba. Quando a gente se torna adulto, esse tipo de pensamento continua a aparecer em nossa mente.

Porém, precisamos entender que, apesar de parecer muito fácil simplesmente pegar a bola e deixar o jogo, o compromisso que firmamos com a família é e foi um sonho sonhado junto. Como adulto, repensar minhas atitudes e ver o que aconteceu é meu dever, em vez de só colocar tudo a perder de maneira reativa.

Uma nova consciência para uma harmonia familiar pode ser adquirida à medida que você se conscientiza dos círculos do amor e das leis da Constelação Familiar.

É possível construir uma nova relação mudando a si mesmo. O que a gente precisa é tratar rumos e planejamentos para a relação não degringolar.

A vida é dinâmica

Gosto de dizer nas minhas palestras: "As pessoas devem ter alegria de viver". Quem conhece a Sonia Onuki sabe da importância que dou para a valorização dos momentos para criar uma atmosfera que possibilite a cura da família.

Você é a possibilidade de curar o seu sistema. *Você* pode curar a sua família. As crianças, mais do que ninguém, sempre tentam trazer os pais para essa alegria de viver.

Pode perceber: elas são peritas em apresentar algo que tire os pais da tristeza. Isso é visível. Muitas vezes, a mãe traz no olhar uma tristeza que nem ela entende e de vez em quando a tristeza brota. O filho capta essa tristeza e entra fundo nela, como se dissesse "para você ficar alegre, eu adoeço". Desta forma, a mãe se conecta com a sua origem. A criança faz isso inconscientemente e, dentro dos sistemas, dizemos que isso é um amor infantil. Os filhos tentam proteger seus pais do sofrimento a todo custo. Essa tristeza pode nem ser da mãe. Pode ser da avó, do avô. O que adoece é o chamado amor cego.

É curioso que, quando uma criança adoece, expressamos que preferiríamos que fôssemos nós e não eles, mas, no fundo, os filhos fazem isso pelos pais.

Podemos quebrar esse tipo de ciclo quando entendemos que o sistema tem força e que existem vínculos profundos entre os membros da família. O amor nunca termina, é justamente aí que devemos realizar o Milagre da Aliança na família. Dentro da família nascem as limitações, mas existem todas as possibilidades de solução. As doenças são a oportunidade de correção.

A vida é dinâmica. Os pais não podem (e nem têm como) evitar nada do que acontece com os filhos. Muitas mães ou pais gastam energia tentando evitar dores a todo custo e impedem a criança de crescer e amadurecer. Estes mesmos pais ou mães, que muitas vezes escondem a tristeza dos outros, veem a criança escancarando aquilo que tentam esconder de si próprios.

Conheço uma pessoa que, quando criança, tinha todas as bonecas esterilizadas pela mãe. As bonecas não tinham mais cor, de tanto que eram lavadas. A menina cresceu sem doenças e não teve o desenvolvimento da imunidade, tão necessária. Logo, depois de grande, ela sofre consequências por ter baixa imunidade e, adulta, adquiriu todos os tipos de doenças infantis possíveis. Imagine só o sofrimento pelo qual essa moça passou.

Tem um rapaz cuja mãe fazia de tudo por ele e até tentou poupá-lo de frustrações, dores, dissabores. Todo conforto lhe era oferecido, uma vez que a única cobrança que ele tinha era que estudasse. Essa criança cresceu e não amadureceu, formou-se, fez doutorado, e depois prestou um novo vestibular e estuda até hoje. Continua sendo o "filhinho da mamãe" mesmo que, agora, ela desejasse que ele agisse como um adulto.

Quando os filhos têm uma boa raiz, eles podem crescer mais do que nós. Portanto, é necessário permitir que cresçam e tenham imunidade às adversidades. É preciso deixar que eles caiam, errem, se machuquem, para que possam saber desenvolver a si próprios.

Qual o primeiro passo em direção à mudança? Confiar. Confiar na educação e na qualidade de tempo que você dedica aos seus filhos. Não negligenciar emoções nem as esconder para que seus filhos não as revivam secretamente. Deixar as crianças viverem o dinamismo da vida, com todos os seus contrastes, para que possam crescer.

É necessário que você entenda que cada um tem sua necessidade de desenvolvimento. À medida que crescem, o filho ou a filha passam a ser responsáveis por seu próprio destino.

Comprometa-se a agir e fazer pequenos ajustes em sua vida.

Entenda que nossa vida e felicidade são definidas pelas atitudes que adotamos. Por sua vez, a atitude de nossos pais é que definiu a história de nossa família. Por isso, é tão importante não colocar redomas nos filhos e simplesmente confiar. Isso é permitir que as crianças desenvolvam suas próprias defesas.

Para finalizar, quero exemplificar outro aspecto da Lei da Hierarquia: além de respeitar a ordem de chegada, respeita-se também a ordem de competência e de prevalência. Uma pessoa que entra numa empresa deve respeitar quem chegou primeiro, porém, se ela chegou com um grau de competência específica, o comando é dela. Assim como, em um casamento, a companheira ou o companheiro atual deve respeitar o anterior, porém o relacionamento atual é o que prevalece.

Meus filhos João e Bibiana cresceram, cursaram direito e formaram-se advogados. Muitas vezes, recorro a eles, devido à inegável competência jurídica de ambos, e ouço suas orientações atentamente, porque são grandes, são os maiores em suas áreas, mas sempre menores, pequenos diante de mim, como mãe, que, junto com seus pais, lhes dei a vida.

Faça uma autoanálise após ler este capítulo. Responda para si mesmo, a fim de olhar para a sua história com responsabilidade, identificando situações como as que foram descritas ao longo deste capítulo. Reflita se é possível realizar pequenos ajustes sistêmicos nessa(s) situação(ões).

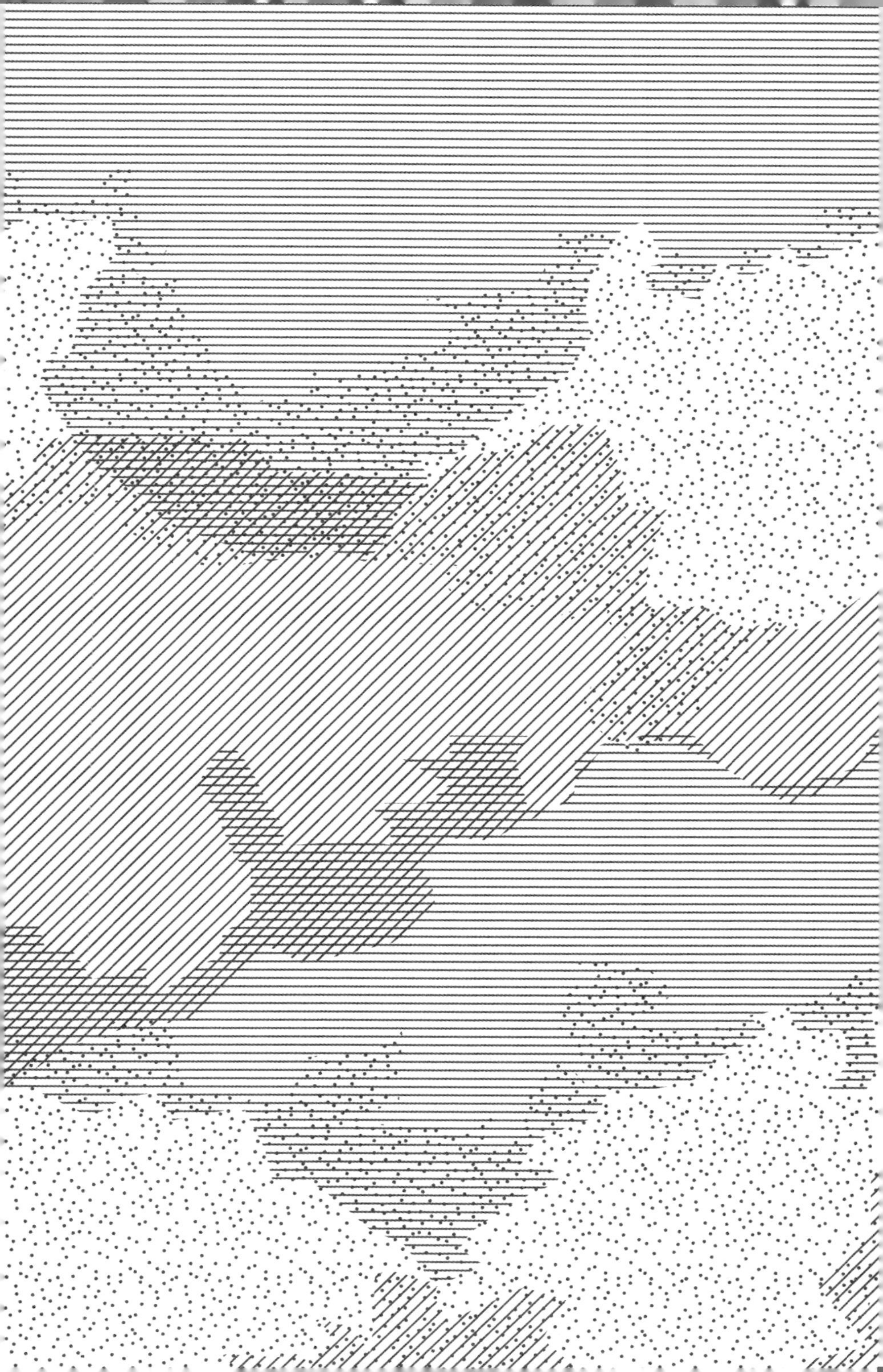

3

como nasce a convivência amorosa

Eu estava no fundo do poço. Havia passado por uma falência, tinha dois filhos para sustentar e buscava alternativas para me reerguer profissionalmente, quando recebi o telefonema de que havia duas crianças de sete meses que precisavam de ajuda. Naquele dia, segui meu coração. Embora a mente racional me dissesse que eu tinha saído de uma falência e precisava zelar pelo que tinha, deixei meu coração me levar e a força do amor movimentou toda a minha família.

Elas entraram em minha vida num processo tutelar. Eu me dispus a cuidar delas por um tempo, até definirmos se ficariam comigo ou com a mãe biológica. Mas, em menos de um mês, nos apaixonamos. Nós por elas e elas por nós.

Que força é essa que faz uma mãe solteira, com duas crianças, quase sem dinheiro, buscar alternativas para criar mais duas crianças? Hoje eu vejo que tínhamos muito pouco, mas era um amor tão grande que, em vez de darmos a elas, elas que deram a nós. Foram elas que nos preencheram, não o contrário.

Essa é a conta: multiplica-se o amor que é dado dividindo-o por todos os filhos.

Amor é acolhimento e o acolhimento cria uma atmosfera onde tudo se torna possível.

Na relação entre pais e filhos, é visível que, quando se tem uma boa relação com os pais, você cria uma boa raiz. É quando temos uma relação com raízes que temos condições de amar e acolher o outro.

Talvez você tenha uma relação complicada com seus pais. Talvez eles sejam "difíceis".

Nesse caso, é necessário olhar para além de seus pais. Por exemplo: conheço uma moça que sempre dizia que tinha muita dificuldade com sua mãe, que era uma mulher mesquinha e não fazia nada pela filha, mesmo quando ela visivelmente poderia.

Pedi para que ela olhasse para a história de sua mãe. Quem tinha sido essa mãe? Qual tinha sido a sua criação?

A moça começou a chorar e perceber o quão difícil tinha sido a infância de sua mãe, privada do convívio com o pai e ajudando desde cedo a mãe dela sustentar a casa, assumindo responsabilidades como uma adulta. "Como ela vai te dar algo que não tem para dar?", perguntei.

Isso vale para todos os casos. Pode olhar para o seu pai e para a sua mãe e perceber que, mesmo que eles pareçam difíceis, o mais difícil é precisar dar sem ter o que dar.

Essa é uma cobrança desleal de filhos para com os pais e a convivência amorosa nasce quando conseguimos enxergar o outro com aquilo que ele tem para oferecer, sem cobrar o que queremos que ele nos ofereça. Muitos pais e mães não conseguem dar afeto porque tiveram uma infância marcada por pais alcoolistas, abusadores, doentes etc. Até são capazes de passar o amor, mas amam com restrição, porque estão contaminados pela restrição com que foram criados.

No meu histórico familiar, tive como pais duas pessoas acolhedoras. Mesmo assim, quando minha mãe faleceu, meu pai se viu diante de uma situação inesperada com três filhos órfãos de mãe. Apesar de vários momentos de quedas profissionais e recomeços, ele conseguiu levar a família num contexto de harmonia e prosperidade.

Talvez, você que esteja lendo este livro sinta peso e angústia por ter que ser você a resolver os conflitos e se trabalhar internamente, mas quero que saiba que eu também já senti esse peso. Toda família sempre tem um "salvador" e não existe maneira de assumir esse papel sem sentir o peso que ele acarreta.

O peso de construir uma relação saudável de homem e mulher, de se reerguer profissionalmente, de sair de uma falência, de sustentar a família ou de carregar emocionalmente todos os conflitos.

Eu fali inúmeras vezes, levei imensos calotes a ponto de o meu filho, por lealdade, dar um jeito de não deixar mais ninguém me passar para trás e tornou-se advogado. Tive uma vida de intensa dedicação, a ponto de trabalhar de domingo a domingo e sair às quatro da manhã para viajar a trabalho no sertão de Alagoas.

Hoje, mesmo desfrutando de relativo conforto, percebo que toda essa jornada foi necessária porque naquele momento eu tinha consciência de que queria viver uma vida plena, com alegria e harmonia, mesmo com as dificuldades.

Quando estamos dispostos a viver a vida com consciência, sem apenas sobreviver aos dias, trazemos uma nova disposição amorosa para construir nossos relacionamentos com as pessoas. Esta é a consciência que precisamos ter quando começamos a nos relacionar uns com os outros: receber ajuda não é o outro fazer pela gente. É receber aquela parcela que está faltando. Quando as acolhi, elas nos ajudaram, embora eu acreditasse que as estivesse ajudando.

Muitas vezes a parcela que falta nesse acolhimento amoroso é um olhar. Pude perceber as relações humanas que trazem cumplicidade. Elas são repletas de amor no olhar. Um olhar que nos faz acreditar em nós.

Os treinadores de grandes atletas, por exemplo, muitas vezes os fazem acreditar que eles *podem*, que são *capazes*. Acreditar traz confiança em vários aspectos da vida.

Quando estamos abertos a nos relacionar com as pessoas recebendo ajuda e ajudando, nossa vida fica sincronizada e assim nascem as convivências amorosas.

Isso não quer dizer que não tenhamos que transpor obstáculos nas relações. Os conflitos surgem para que tenhamos oportunidade de encontrar soluções e desenvolvimento. Mesmo que agora a sua vida pareça só um grande conflito, entenda que, até hoje, o maior obstáculo que precisei transpor foi vencer a mim mesma.

Tudo o que precisamos aprender aprendemos. Eu acredito nisso porque é possível escolher livremente como vivermos e criar novas possibilidades de entender o que se passa nas relações que vivemos diariamente. O bom é ter consciência de que algo precisa ser ajustado para, felizmente, poder se libertar. Esta liberdade abre novos horizontes e nos traz vontade de agir para que possamos mudar nosso destino.

Podemos escolher os papéis que representamos. Eu mesma posso olhar a minha história pelo viés da "grande salvadora" ou entender que sempre fui muito ajudada, até mais do que pude ajudar as pessoas.

Eu já tive a ajuda de pessoas de quem nunca esperaria, em momentos de real necessidade. Por isso, precisamos estar atentos à vibração que colocamos no mundo, porque o pensamento, com a ação positiva, é imagem em ação e traz um retorno forte. Na psicologia positiva isso são as prospecções positivas, componentes principais do motor da atuação humana, e a Lei da Ressonância nos faz entender que recebemos na mesma medida que doamos.

Esta equação torna o acerto de contas da matemática do amor ainda mais justo.

Gerando débitos e créditos

Certa vez, a minha filha Bibiana estava brincando no pula-pula, ainda criança, e se machucou por causa de um colega da escola. A coisa foi grave e tivemos que ir para o hospital. No caminho, nervosa, vociferei contra o amiguinho que tinha causado aquilo em minha filha. Já na sala de cirurgia, onde ela seria cuidada, Bibiana demonstrava sinais de ansiedade. Antes da sedação, ela me fez prometer: "Mamãe, não faça nada contra o menino. Ele tem bolsa de estudos na escola e pode perder a bolsa".

Aquele comentário me pegou de surpresa, porque eu jamais imaginei que aquela fosse a preocupação de minha filha. No entanto, me atentei para a força de suas palavras e como a generosidade dela transcendia a raiva por ele ter causado aquele machucado que a levara ao hospital. Ela não queria prejudicar o amigo e não estava nem pensando em como seria sua cirurgia.

Trouxe este fato para exemplificar a boa herança de padrão que deixamos para nossos filhos. Naquele dia, percebi que o que ficava impresso na criança era a essência dos pais e a somatória das boas ações que tivemos.

Meu pai sempre dizia que, além de sermos honestos, tínhamos que parecer honestos e desde cedo eu passava bons valores para as crianças. Ainda me lembro de um episódio quando tinha pouco dinheiro na minha conta e fui tirar setenta reais no caixa eletrônico com João e Bibiana. Eram os últimos setenta reais que eu tinha. Só que o caixa me deu setecentos reais, sem descontar da minha conta.

Meus filhos ficaram perplexos com aquilo. Acharam que eu tinha que ficar com o dinheiro. Eu lembro que eles ainda eram pequenos, mas os fiz perceber que aquilo não me pertencia e precisava ser devolvido. Expliquei que se ficássemos com os setecentos reais, alguém iria pagar por eles. Fomos, então, eu e as crianças, até a gerência do banco onde eu devolvi todo o dinheiro. Sei o quanto esse episódio alicerçou positivamente a vida deles em relação ao cuidado com o que é meu e em relação ao respeito do que é do outro.

Essa herança que deixamos através dos atos são heranças boas de padrão. Quanto mais coisas boas fazemos, mais deixamos créditos positivos para nossos filhos. Existe, na vida, uma regra matemática que cobra débitos e créditos da família.

Se você não pagar, alguém vai pagar pela sua desonestidade ou falta de caráter para tirar algo de alguém. Geralmente, pela generosidade aos pais, as crianças o fazem. Elas pegam os débitos dos pais.

Vivemos gerando débitos e créditos através de nossas ações. A vida é dinâmica e se ficamos estagnados não estamos aprendendo e evoluindo.

Muitos alunos chegam até mim com medo das tempestades que possam surgir pelo caminho. Tudo o que eu posso dizer é que esse ritmo natural das coisas é constante.

Quando tentamos evitar demais que a vida aconteça, blindando a nós e aos nossos filhos, tentando garantir uma falsa segurança, estamos criando uma redoma que impossibilita a chegada das coisas ruins, mas que também não deixa penetrar as coisas boas.

Como psicóloga e terapeuta sistêmica, vejo muitas situações peculiares nas famílias que se tornam grandes fardos para os filhos no futuro. É importante que você entenda que, na matemática familiar, a gente paga tudo. É semelhante ao caixa comercial: quando fecha, havendo débito, alguém precisa pagar por aquilo.

Você pode até dizer: "Não fui eu que consumi. Por que eu tenho que pagar?". Bem, porque, na matemática da vida, não fica débito, pois o sistema precisa seguir e cuidar da continuidade para não sucumbir.

Muitos segredos de família geram débitos que são carregados por filhos e netos. Já vi uma situação em que, dentro de uma constelação aberta por uma filha, cuja mãe vivia tendo problemas de saúde, descobriu-se que o pai da moça (e marido da mãe) tinha cometido um crime. Após a constelação, percebeu-se que os problemas de saúde da mãe da menina haviam se iniciado após esse episódio.

A filha não quis acreditar naquilo, mas, quando chegou em casa, viu sua mãe ter uma melhora repentina. Com a melhora, o pai quis confessar para todos o que havia cometido no passado. Aquele segredo reverberava na vida familiar tantos anos depois.

Quando segredos não são revelados, as coisas podem se complicar. Segredos também podem se tornar grandes armadilhas quando nos envolvemos em histórias de outras pessoas. Se você se tornou cúmplice de um segredo que não lhe pertence, o melhor a ser feito é devolvê-lo. Imagine a pessoa que te confidenciou bem na sua frente, olhe nos olhos dela e diga: "Isso não é meu. Isso é seu. Eu guardo por ti o amor que tenho por você e devolvo agora o que é seu".

Na família, os filhos pegam as cargas dos pais pela lealdade invisível e pelo amor cego.

Por isso sempre digo: nós, adultos, precisamos realizar o Milagre da Aliança na família, fazer a tarefa direito, para não deixar que o peso seja carregado por um dos nossos pequenos.

É necessário olhar com cuidado para nossas ações, comportamento, atitudes. Ser responsável por tudo o que fizermos. Olhar para os ancestrais amorosamente e entender que fizeram seu melhor, dentro das condições que tinham. Viver é complexo. Você precisa ser responsável. Muitas pessoas apenas sobrevivem, empurrando a vida com a barriga, esquecendo de viver na tentativa de sobreviver.

A felicidade se constrói, não é só alegria por um todo. Ela é o complemento de tudo o que você lutou até romper com os obstáculos. Este peso faz parte da felicidade. Ser feliz não é simplesmente ser livre. Liberdade com responsabilidade é vida com harmonia e melodia.

Faça uma autoanálise após ler este capítulo. Responda para si mesmo, a fim de olhar para a sua história com responsabilidade, identificando situações como as que foram descritas ao longo deste capítulo. Reflita se é possível realizar pequenos ajustes sistêmicos nessa(s) situação(ões).

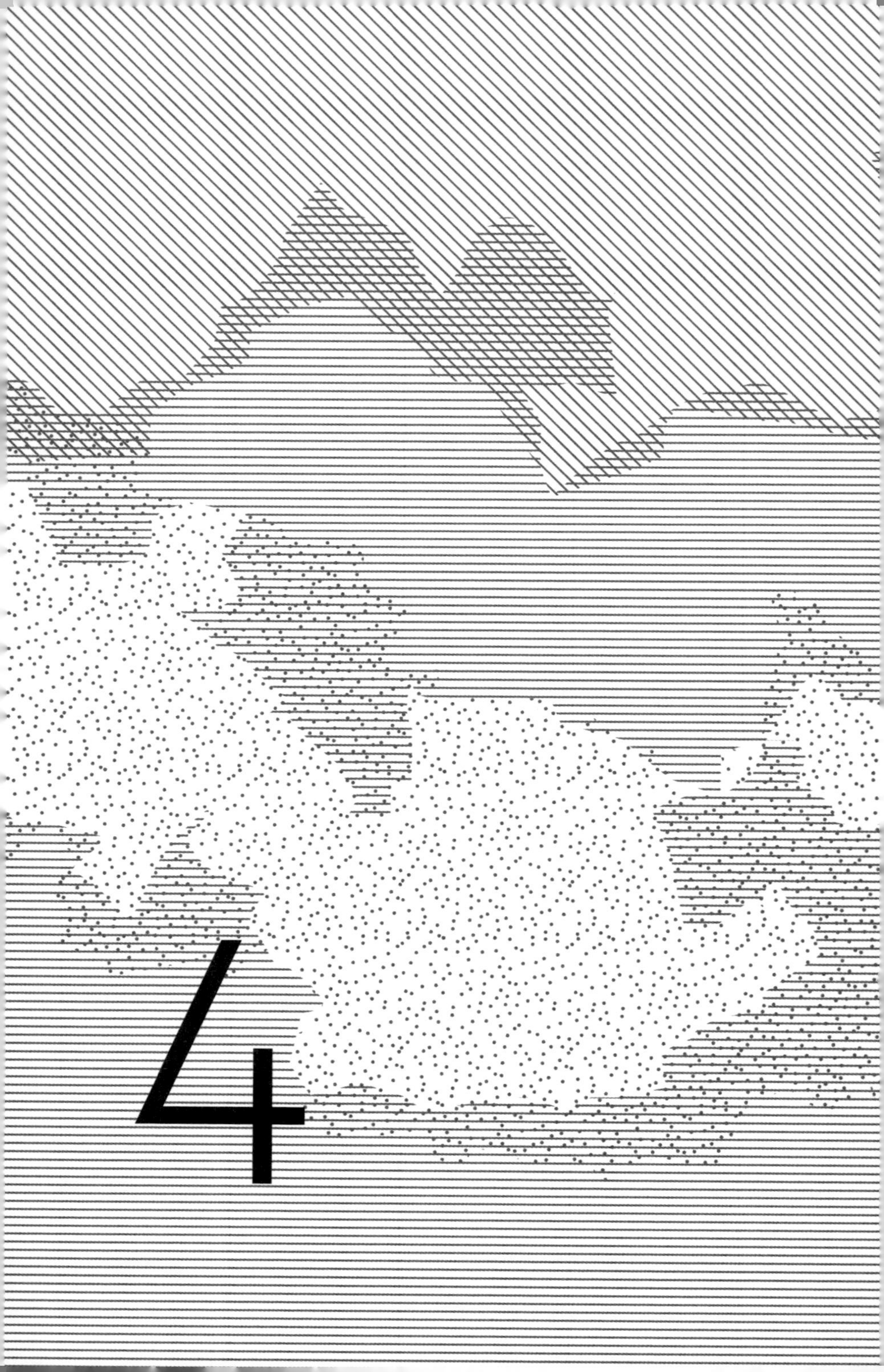

4

você tem medo de ser feliz?

O medo faz parte da nossa vida, essa tensão é carregada dentro de cada um de nós diariamente. Mesmo sentindo dor, as pessoas se sentem vivas e, apesar de não quererem entrar em contato com a dor, elas a carregam. Nesses sistemas, surgem inúmeros conflitos. Na Constelação, existe a pergunta não expressa: "Quem vai olhar a dor? Quem vai dizer sim?".

A felicidade muitas vezes é sentida como perigosa porque traz solidão. O mesmo acontece com a solução dos problemas. Já reparou como no problema e na infelicidade temos companhia?

Isso acontece porque o problema e a infelicidade estão associados a sentimentos de inocência e fidelidade. Quando solucionamos nossos conflitos e somos felizes, nos sentimos traindo nosso sistema e culpados por conquistarmos algo que nossos pais ou avós podem não ter experienciado.

A "boa consciência" nos faz estar ligados à nossa família. Muitos sofrem por pensar que, com o sofrimento, estão honrando seus familiares. Quando conseguimos honrar nossa família e deixar com eles o que é deles, seguimos o nosso destino.

Por isso a felicidade e a solução estão associadas ao sentimento de culpa e ambas só são possíveis quando o enfrentamos.

Temos que mudar radicalmente, se enfrentarmos estes sentimentos arraigados em nós. Quando somos íntegros com nossa felicidade, criamos uma individualidade que nos permite sentir que estamos nos desligando de nossa família de origem.

"Como não vou sofrer, se meus pais sofreram tanto?", "Como posso ganhar dinheiro sem culpa, se meus pais viveram na pobreza, com tanta luta para sobreviver?", "Como posso ser feliz em meu relacionamento, se minha avó teve uma relação tão abusiva?".

Estas questões, embora inconscientes, nos afastam das soluções. Com isso, alimentamos os mesmos conflitos dos familiares, num emaranhado infinito que nossos filhos terão que carregar porque não tivemos coragem de enfrentar.

Ser um indivíduo quer dizer que as decisões são sempre individuais. Sempre suas. Não adianta tomar decisões compartilhadas. Decisão é individual, não se terceiriza.

Por que a felicidade traz solidão? Porque só você pode viver a felicidade. Felicidade é um estado de espírito. O outro pode ficar feliz contigo, mas aquela é a sua integridade.

Muitos filhos, ao partir em busca da própria felicidade, rompendo com os padrões da família, são tidos como "ovelhas negras". Estes são, na verdade, caçadores do caminho da libertação para a árvore genealógica.

Bert Hellinger diz que os membros de uma árvore que não se adaptam às normas ou às tradições do sistema familiar, aqueles que desde pequenos procuravam constantemente revolucionar as crenças, indo na contramão dos caminhos marcados pelas tradições familiares, aqueles criticados, julgados e mesmo rejeitados, esses, geralmente, são os chamados a libertar a árvore de histórias repetitivas que frustram gerações inteiras.

Este é exatamente o papel de quem aceita para si o compromisso de romper com os padrões do sofrimento e assumir as rédeas da própria vida. Sua disposição para olhar para a dor é o que te dá poder para mudar. Quando você se liberta da culpa por ser feliz e não se adapta a um sistema que era familiar, desabrocham novos ramos na árvore genealógica.

Bert Hellinger diz que, graças a esses membros, as nossas árvores renovam as suas raízes.

Lembra que comentamos sobre o personagem principal da animação *A vida é uma festa*?

Ele precisou ser a "ovelha negra" da família que, havia gerações, reprimia desejos, não realizava sonhos, tinha talentos frustrados. Por parecer um "rebelde", ele buscava a realização. Nossa árvore genealógica sempre irá manter-se de forma a tentar fazer os membros continuarem seguindo o mesmo curso castrador e tóxico. Por isso, o trabalho de quem olha para a dor e procura a solução dos conflitos é sempre solitário.

Quem cria os novos ramos são esses desbravadores que não têm medo da felicidade. Sem essas pessoas ditas "ovelhas negras", os sonhos não realizados daqueles que sustentam a árvore morreriam enterrados sob suas próprias raízes.

Na família de origem e em nossos relacionamentos atuais o desenvolvimento se dá no sentido de individualização. Isso significa que o indivíduo progressivamente se desprende de seus vínculos. Esse desprendimento o faz integrar-se a um novo contexto, mais amplo, e que traz uma certa liberdade.

Perceba que, quanto mais alto você vai, mais solitário você se torna. À medida que nos desprendemos daquilo que está próximo, nos vinculamos a algo maior, mas o preço disso é a solidão. O amor se adapta a uma ordem e pode sempre florescer, como a semente se adapta ao solo e ali cresce e prospera.

É difícil sustentar a Lei do Equilíbrio para manter a individualidade.

Quando culpamos os outros e choramos, apontando quem errou ou acertou, de acordo com nosso julgamento de certo e errado, não crescemos.

Precisamos enfrentar o sentimento de culpa quando prosperamos ou quando somos felizes diante de nossa família de origem. Se eu enfrento esse sentimento, não me sinto culpado por ter 4 milhões e ver minha mãe morando numa casa simples.

Se você não tem certeza de como deve enfrentar esse sentimento de culpa, basta viver o que teoricamente te deixaria culpado. Enfrentar a culpa é isso.

Bert Hellinger diz que não há um modelo a ser seguido para se alcançar a felicidade, mas, se queremos ser felizes e prósperos, é preciso buscar a individualidade, honrando e respeitando a maneira como seus pais veem a vida, que pode ser diferente da forma como você vê.

Buscar a própria felicidade não é se excluir do sistema, nem desonrar os pais. É fazer dos conflitos uma oportunidade de crescimento e evolução pessoal e familiar.

Você pode ser a cura de todo o seu sistema.

Relação com a mãe × prosperidade

Muitas pessoas me perguntam por que, nas Constelações, o dinheiro sempre é representado pela mulher e a resposta é muito simples: porque o dinheiro é fértil.

Bert Hellinger diz que encaramos a vida como um todo, mas que, quando temos reservas em relação à nossa mãe, também temos reservas em relação ao sucesso e à felicidade.

Se você rejeita algum aspecto de sua mãe, você está rejeitando a vida. Isso porque a mãe é a primeira e mais importante experiência de nutrição e confiança oferecida pela vida. Na Constelação, vemos que cada indivíduo é uma célula de um grande corpo. Esse corpo é o sistema familiar. Precisamos honrar tal corpo. Somos sistêmicos.

Dinheiro é vida e energia. Por isso, só conseguimos ter prosperidade, quando estamos em sintonia com a vida. Estar em sintonia com a vida é como surfar na onda que vem. Mesmo que seja grande e pareça que vai te engolir, essa onda vai te ensinar a aperfeiçoar a maneira como se equilibra.

Muitos de nós terceirizamos a culpa por tudo de ruim que nos acontece. Desta forma, não assumimos que somos donos das nossas próprias escolhas. Recebemos dos pais a vida e precisamos agradecer e aceitar nossa mãe como ela é.

Se você está aqui, lendo este livro, é porque sua mãe te gerou e você existe a partir de então. Muitos se sentem culpados, quando as relações de troca são desequilibradas. Se seu produto ou serviço é mais caro que o benefício que proporciona, a vida parece não fluir.

Assim como o dinheiro é uma energia de agradecimento, quando contribuímos com alguém e esse alguém contribui conosco com dinheiro, é preciso ter equilíbrio nas relações. Precisamos saber equilibrar o dar e o receber para podermos experimentar a abundância. Isso só é possível quando fazemos as pazes com nosso passado. Quando o dinheiro não vem, o sinal é claro: é preciso resolver algo na sua história pessoal.

A saúde financeira precisa do seu olhar para gerar bons frutos. Da mesma forma, não olhar para o dinheiro ou sentir uma sensação de angústia com a escassez é uma maneira de afastar essa energia fértil da prosperidade.

Pode perceber que as pessoas bem-sucedidas estão a serviço da vida e dos seres humanos. Quando colocamos nosso foco no benefício que nosso trabalho irá proporcionar, e não apenas visamos o faturamento, temos sucesso.

Nas sessões de Constelação, fica evidente que tudo o que procuramos está, de alguma forma, em nós e em nosso campo. Sendo assim, a vida por si só é uma jornada que nos leva a um despertar para desenvolvermos nossos potenciais infinitos.

A dinâmica entre pais e filhos deve estar clara para que entendamos que os pais não precisam dos filhos, e sim os filhos precisam dos pais. Quando os pais acreditam que precisam dos filhos, os colocam em lugar de seus pais e cobram dos filhos o amor que não receberam dos pais. Este é um peso grande demais a ser carregado pelos filhos.

É assim que muitos sistemas adoecem.

Precisamos honrar os pais para não gerar esta carência e exigência em relação aos filhos. Desta forma, integramos nossos pais à nossa vida

Na Constelação, procuramos a raiz dos sintomas no sistema. Portanto, é importante observar a influência do sistema na nossa forma de lidar com dinheiro e sucesso. O dinheiro quer servir nosso interesse pela vida e se coloca à disposição naquilo que contribui para o avanço dela.

Ter dinheiro é uma responsabilidade. A partir do momento que o possuímos, cabe a nós movimentar a nossa vida, tomando responsabilidade pelo nosso caminhar em nossas mãos.

É preciso, acima de tudo, assumir as decisões que tomamos. Quando não temos dinheiro, temos desculpas para não fazer algo. Será que são estas desculpas que buscamos quando bloqueamos a chama do dinheiro em nossa vida? Será que você está fugindo da vida e, por isso, negando o dinheiro?

Adultos precisam aceitar os riscos que a vida oferece. Se não conseguimos tomar decisões, ficamos como crianças que esperam que alguém zele por nós e nos dê a diretriz da vida.

Será que ainda temos essa criança abandonada dentro de nós? A criança que espera que alguém venha e tome as decisões que precisam ser tomadas? A criança que terceiriza responsabilidade e permanece inocente culpando tudo e todos pela própria infelicidade?

Só é possível crescer quando tomamos decisões. Por isso ficamos presos em infelicidade e problemas, terceirizando decisões.

Crescer é decidir pela felicidade e pelas soluções. É ir em direção à vida. É aceitar a riqueza, mesmo que nossos pais não tenham tido a mesma sorte. Sem sentir culpa por estar naquela situação.

Muitos não têm coragem de ter riqueza. Ter riqueza é entrar em sintonia com um movimento. O dinheiro pede coragem e, se não estamos prontos para assumir nossa vida, ela aguarda que sejamos responsáveis para lidar com as decisões e a maturidade que ela nos exige.

Para Bert Hellinger, o dinheiro espera ser gasto em algo bom que leva a vida adiante. Só assim se ganha mais dele. Como se o dinheiro entrasse num circuito de serviço, trabalho e ganho ao mesmo tempo.

Você precisa compreender que, sendo feliz, não estará desrespeitando seus pais. Onde quer que seus pais estejam, eles querem que você seja feliz.

Hoje, vemos uma geração de muito sofrimento. Pessoas que se sentem culpadas e com a obrigação de dar aos pais as coisas que elas próprias conseguiram através do estudo.

Vemos pessoas culpadas em relação à família. Pessoas que prosperam e não conseguem mais fazer parte do sistema familiar porque sentem que estão destoando e por isso se excluem e se distanciam de sua origem.

Essas pessoas, cheias de conflitos, não se sentem pertencentes à família e começam a querer compensar essa culpa, dando presentes aos familiares. No entanto, quando percebem que os familiares não cuidam do que é dado, sentem raiva porque acreditam que as pessoas não dão o devido valor ao que foi conquistado com tanto suor.

O famoso "eu sei quanto custou" é a cobrança e exigência em relação ao outro. Um ganha mais e cobra muito do outro.

Essa geração de culpa e inocência se distanciou e quer pertencer novamente ao sistema. Por isso é preciso separar o que está misturado. Não é necessário esquecer as raízes para prosperar. Pelo contrário. Honrar as raízes faz de você uma pessoa de sucesso.

Muitos tornam-se arrogantes ou não conseguem usufruir do dinheiro que conquistaram porque se sentem culpados por tê-lo, ao contrário dos familiares.

Sempre que pensar em prosperidade, lembre-se: só pode ser medido como prosperidade quando está contribuindo com o todo, o que se constrói com a geração de renda e o que faz com a sua saúde física e mental.

A ordem da ajuda

Acho importante falar sobre a ordem da ajuda porque muitas pessoas se emaranham sem perceber, quando estão dentro do sistema familiar, principalmente quando prosperam e querem fazer coisas pela família. Na ordem da ajuda temos duas premissas: temos que ajudar os outros somente quando nos for solicitado ou quando existe um perigo real. É importante que os adultos tenham isso bem definido.

Certa vez, minha sobrinha veio passar as férias em casa e, durante uma conversa, perguntei se ela iria prestar o ENEM (Exame Nacional do Ensino Médio - uma prova criada para avaliar o desempenho escolar dos alunos e uma das principais formas de acesso às universidades públicas e particulares em todo o país). Nisso, faltava apenas um dia para se encerrarem as inscrições. Ela não sabia sobre a importância e sequer sobre a existência dessa avaliação e eu percebi que poderia incentivá-la a inscrever-se e assim o fiz. Hoje, ela está se terminando o curso de Odontologia, no qual ingressou graças à boa nota que conseguiu no ENEM.

Este é o papel dos adultos: nortear quando o jovem ou a criança não tem condições de se autogerir. No entanto, se você ajuda um adulto, precisa entender que ele não é adolescente, nem criança. A ajuda tem que ser de igual para igual, e não ficar para si o compromisso por fazer ou a responsabilidade do resultado que é dele, do adulto. O adulto é mestre em terceirizar responsabilidades. Tudo deve estar claro e acordado desde o início. Se você diz que vai ajudar uma pessoa a pagar uma prestação, tem que deixar explicado que é apenas uma prestação, e não o boleto inteiro.

Muitos adultos param de agir quando são ajudados. Isso não poderia acontecer. Na ordem da ajuda, você oferece a ajuda como um impulso para que a pessoa siga adiante.

Apesar disso, não devemos nos sentir responsáveis pelos resultados do outro. A ação é do outro e a responsabilidade sobre a ação também. Se eu fico me responsabilizando pelo resultado da ação dos outros, fico com o ego doente.

Ao mesmo tempo, é preciso saber receber ajuda. Dizem que, quando perdemos dinheiro, quebramos ou entramos em falência, muitas pessoas vão embora e viram a cara para nós.

Comigo não foi assim. Meus amigos perguntaram de que eu precisava e me davam todo tipo de ajuda: desde levar minhas filhas à praia quando eu não podia, até oferecer moradia, na edícula da casa. Naquela época, até um cheque para fazer o supermercado eu recebi.

Receber ajuda é um ato de grandiosidade, não é humilhante. É um ato que você olha para si mesmo e diz "eu posso receber ajuda. Eu mereço esta ajuda neste momento", e isso fez minha fé aumentar. Eu cresci com princípios universais de amor pelo outro.

Acredito muito nas pessoas e, por isso, confiava em todo mundo. Com o tempo, aprendi a diferença entre acreditar e confiar. Confiança é um laço que a gente constrói com o tempo. Continuo acreditando fielmente nas pessoas, porém a confiança é um ato de *com fiar* e essa tecedura requer tempo. As pessoas sucumbem porque confundem acreditar com confiar.

Quando a gente começa um namoro, acredita em tudo o que o outro fala. A confiança se estabelece na convivência e só se passa a confiar quando se relaciona. Por isso, quando nos relacionamos e confiamos, podemos criar laços que geram ajuda. Podemos nos permitir ser ajudados pelas pessoas em quem confiamos.

A ordem da ajuda, para mim, também está relacionada à Lei da Equidade.

Se nós dois ganhamos um saco de feijão e eu não preciso da metade dele, que seria a minha parte devida, e você tem mais pessoas para alimentar, precisa da maior quantidade, a divisão equânime e justa é pegar apenas o que precisa. Caso contrário, geramos um desequilíbrio.

Ao mesmo tempo, quando ajudamos alguém ao presentear a pessoa com algo, entregamos aquilo para a pessoa e aquilo passa a ser de responsabilidade dela. Ajudar não é dar um presente e querer cuidar do presente que foi dado, dizendo como deve ser usado.

Isso é ego doente. Eu entrego, mas quero cuidar. Quero estar presente no seu presente.

Muitas vezes, na ordem da ajuda, temos que ter sensibilidade para dar aquilo que a pessoa precisa. Às vezes, apenas um telefonema é a ajuda necessária.

Como disse meu filho João, após ser questionado sobre ter decidido ajudar uma ex-funcionária cuja casa havia pegado fogo: "A solidariedade se estende a todos".

Que bom seria se todos nós pudéssemos entender isso.

Faça uma autoanálise após ler o capítulo. Responda para si mesmo, a fim de olhar para a sua história com responsabilidade, identificando situações como as que foram descritas ao longo deste capítulo. Reflita se é possível realizar pequenos ajustes sistêmicos nessa(s) situação(ões).

5

quais são seus 50% nisso?

Quando as caravelas se aproximaram do Brasil, o que você acha que os índios pensaram?

Na verdade, eles não pensaram em nada. E sabe o porquê? Porque nunca tinham visto uma caravela. Eles não tinham esta imagem formada na mente deles. Podem ter ficado amedrontados, achando muitas coisas. Aquilo que desconhecemos muito provavelmente nos amedronta ou instiga curiosidade. E isso é excelente! Geralmente damos significado ao que reconhecemos, que nos identifica.

O que quero dizer com isso? Que se em determinado momento você vê algo e aquilo não te abala de maneira nenhuma, é porque você não traz nenhum significado para aquilo dentro de você. Se mexe com suas estruturas, é porque você reconhece.

Portanto, em outras palavras, quando você diz "minha vizinha não presta", ou diz qualquer coisa sobre alguém, é porque tem propriedade nisso. Logo, tem seus 50% na jogada.

Em todas as situações em sua vida, você pode se perguntar: "Quais são os meus 50%?".

Eu costumo fazer esta pergunta constantemente e, à medida que vejo os meus 50% na história, amplio meu campo de visão. Quando percebemos que temos 50% de responsabilidade acerca de tudo o que nos rodeia, trazemos a presença e saímos da vitimização. E, quando estamos ancorados em nossa presença, seguimos em frente.

É estar firme com o eixo e seguindo o rumo que queremos. Porque na vida não é só seguirmos em frente. É necessário revermos os espaços que caminhamos atrás, acima, abaixo, ao lado e ao redor da gente e, desta forma, temos inteligência emocional para seguir adiante. É estar conectado no real.

Quando somos conscientes dos 50% que temos de responsabilidade em tudo, exercemos a Lei do Equilíbrio. Passamos a ter consciência de que não podemos fazer injustiças com os outros, porque isso provoca um desequilíbrio na ordem de dar e receber.

Existe uma regra universal: se você toma dos outros, o universo toma de você de alguma maneira. Se tomar injustamente de alguém, vai ter o seu tomado injustamente.

Essa ampliação de consciência possibilita que entendamos de que forma podemos agir em todas as circunstâncias. Isso é uma lei sistêmica. Os 50%, o que podemos fazer em todas as instâncias da vida. Quando tomo consciência dos meus 50%, não quero mais isso e também não estou mais disponível.

Aqui estou falando sobre a responsabilidade de ver e de estar no mundo. O que você está fazendo para estar onde está?

Quando tomamos consciência disso, estabelecemos um diálogo dizendo o que não é bom para nós.

Tenho uma amiga, da qual irei contar com mais detalhes posteriormente, que repetia incansavelmente que não era mãe do marido. Dizia que ele jogava a toalha na cama, que se comportava de maneira infantil. Quando ela se conscientizou de que havia os 50% dela na situação, *parou de agir como mãe dele*.

Assim, quando ele se deitava na cama, se a toalha molhada ainda estivesse lá, deixando a cama úmida e ele reclamasse, ela não tinha ressonância com aquilo. Ela não se sentia responsável por ele, nem pelas atitudes dele, porque não se via mais como mãe daquele homem.

Quando nos conscientizamos sobre os nossos 50%, a vizinha pode fazer o que quiser da vida dela que você não vai se importar, porque *você* consegue entender que tudo o que observar ou te incomodar tem relação com você mesmo.

O julgamento nasce de algo que você cria e conhece. Logo, até mesmo em discussões políticas, quando um acusa o outro de intolerante, é porque existe intolerância dentro daquele que acusa. Se você diz que o país está uma droga, é porque também tem seus 50%. E não estou falando apenas da responsabilidade: da mesma forma que os índios não conseguiam ver que a caravela era uma caravela porque aquilo não tinha significado para eles, só damos significado ao que conhecemos.

O que eu quero alertar nesse novo ajuste sistêmico que proponho a você é que tome consciência de todas as situações que te incomodam de alguma maneira e perceba que se te incomodam é porque você tem esses 50% dentro de você.

Quando você amplia a consciência, consegue se enxergar nesta situação. Só o fato de ler isto já faz com que você veja o mundo de maneira diferente. Isso faz você vibrar de outra forma e ressoa na vida de seus familiares

E não ressoa apenas no ambiente familiar: ressoa também no seu dia a dia, no trabalho. A Constelação trabalha nos âmbitos pessoal e relacional. Você e sua empresa, você e o outro. No entanto, é importante saber que a vida nunca será livre de conflitos. Se você resolver um problema e entrar em harmonia sem ter nenhuma outra questão para superar ou dissolver, estará pronto para morrer.

O conflito nos faz crescer e impulsiona as relações humanas. Com conflitos, entramos em novos consensos com o outro e criamos novas dinâmicas relacionais. É através do pensamento sistêmico que olhamos as situações de uma nova maneira.

Conforme aprendemos a viver de modo mais congruente com o que somos, atingimos a paz, que é uma verdadeira conquista.

É muito interessante observar como, dentro dos sistemas equilibrados, as conquistas feitas por pais reverberam na vida dos filhos. Se quisermos deixar créditos na vida de nossos filhos, devemos viver nossa vida de maneira congruente com aquilo em que acreditamos.

Certa vez recebi um monge no Brasil que havia vindo junto com um professor, acompanhado de seu filho de treze anos. Eu estava preocupada em encontrar companhia para o adolescente e não o deixar sozinho. O menino, então, me olhou com um jeito amistoso e perguntou: "Por que a senhora está preocupada?". Comentei que eu estava preocupada em deixá-lo sozinho, já que seu pai iria trabalhar e não havia ninguém para lhe fazer companhia.

O rapaz me respondeu: "Eu posso ficar comigo mesmo. Eu me basto e minha companhia é muito agradável". Trago este exemplo porque achei interessante como os sistemas familiares podem reverberar de maneira positiva com os filhos. Aquele menino era absolutamente congruente com a prática de seu pai.

Talvez você tenha ficado preocupado com a infinidade de coisas que podem acontecer quando deixamos as brechas para que os filhos cumpram o nosso destino negado, mas é importante que saiba que, seguindo a mesma lógica, todos os créditos também serão depositados na conta deles. Esse menino é uma amostra disso.

Saia da postura de vítima

Se consideramos que podemos ter 50% em cada uma das situações que nos abalam, devemos entender que nenhum de nós pode assumir a postura de vítima da vida. Vítimas não assumem responsabilidades.

Observe a sua própria coparticipação em todos os momentos da vida. Podemos imaginar uma pessoa que esteja identificada com a vítima. Ela vai buscar um algoz, pois a forma como ela aprendeu foi essa. O sentimento de injustiça dentro do campo familiar é muito denso e pode estar presente no dia a dia, provocando raiva, medo e fortes emoções. Neste momento, percebemos que existe um campo maior. Pode ser suficiente sabermos lidar com essa energia.

Para não reforçar estes papéis, os pais poderiam sugerir que os filhos contem suas versões da história quando sugerirem que foram injustiçados. Ou seja: em vez de reforçar que, durante uma briga entre irmãos, um é vilão e o outro mocinho, faça os dois explicarem suas versões e, à medida que a história for sendo contada, as crianças começarão a se conscientizar daquilo que, de fato, aconteceu.

É comum, dentro das Constelações em grupo, que as pessoas só consigam sair do papel de vítima quando percebem o todo em funcionamento. Muitas delas chegam relatando que são vítimas de determinadas situações e não se dão conta de que agem como algozes.

Já assisti a uma Constelação onde um homem dizia que seus sócios estavam abusando do poder dentro da empresa e, por isso, ele sairia da sociedade. Logo que começou a Constelação através dos representantes, ficou claro que ele era ora vítima, ora algoz. E essa dinâmica se dava conforme sua ligação com seu pai ia sendo mostrada. Ou seja: nos momentos em que seu pai surgia, ele agia como vítima. Quando seu pai saía de cena, ele agia como algoz.

Sempre temos nossos 50% e herdamos essa herança invisível que não podemos simplesmente ignorar ou fingir que não existe. Aceitar o mundo tal qual ele é amplia a nossa percepção da vida. Sem essa postura de humildade, desejos, medos e julgamentos interferem em como percebemos as coisas.

No plano do ego, todos temos nossas histórias. Uns dizem que foram enganados, outros responsabilizam os pais por algo. Desta forma, temos o hábito de enxergar de um lado as vítimas e do outro, os agressores. Vemos as vítimas como inocentes enquanto os agressores seriam os responsáveis pelo sofrimento que causaram.

Acreditamos que os agressores a quem responsabilizamos devem ser punidos, contamos e recontamos histórias sobre a nossa família que não passam de interpretações dos acontecimentos que testemunhamos.

As Constelações Familiares buscam com amor aquilo que realmente aconteceu. Dessa forma, tentam trazer à tona a estrutura do campo de energia familiar que leva determinados membros de cada família a se tornarem vítimas ou agressores diante dos olhos das pessoas.

Temos o poder de curar toda a estrutura familiar através do olhar sistêmico.

Isso acontece porque o pensamento sistêmico e a Constelação Familiar baseiam-se nas leis da sobrevivência do sistema, que é desprovida de julgamentos e punições. Essas leis fazem com que passemos a assumir nossas responsabilidades em vez de incriminarmos uns aos outros.

Como determinados acontecimentos familiares ocorreram há muito tempo, isso se transforma em atos e pensamentos que escapam do nosso controle consciente, portanto agimos sem consciência do papel que estamos desempenhando.

Dentro da dinâmica da Constelação Familiar, podemos colocar a seguinte questão: "o que se passou na minha família ou na de meu parceiro para que nos separássemos?", em vez de simplificarmos, colocando um na lista de vítima e outro, na de algoz.

Dessa forma, buscamos a compreensão e, assim, curamos por meio do amor.

Faça uma autoanálise após ler este capítulo. Responda para si mesmo, a fim de olhar para a sua história com responsabilidade, identificando situações como as que foram descritas ao longo deste capítulo. Reflita se é possível realizar pequenos ajustes sistêmicos nessa(s) situação(ões).

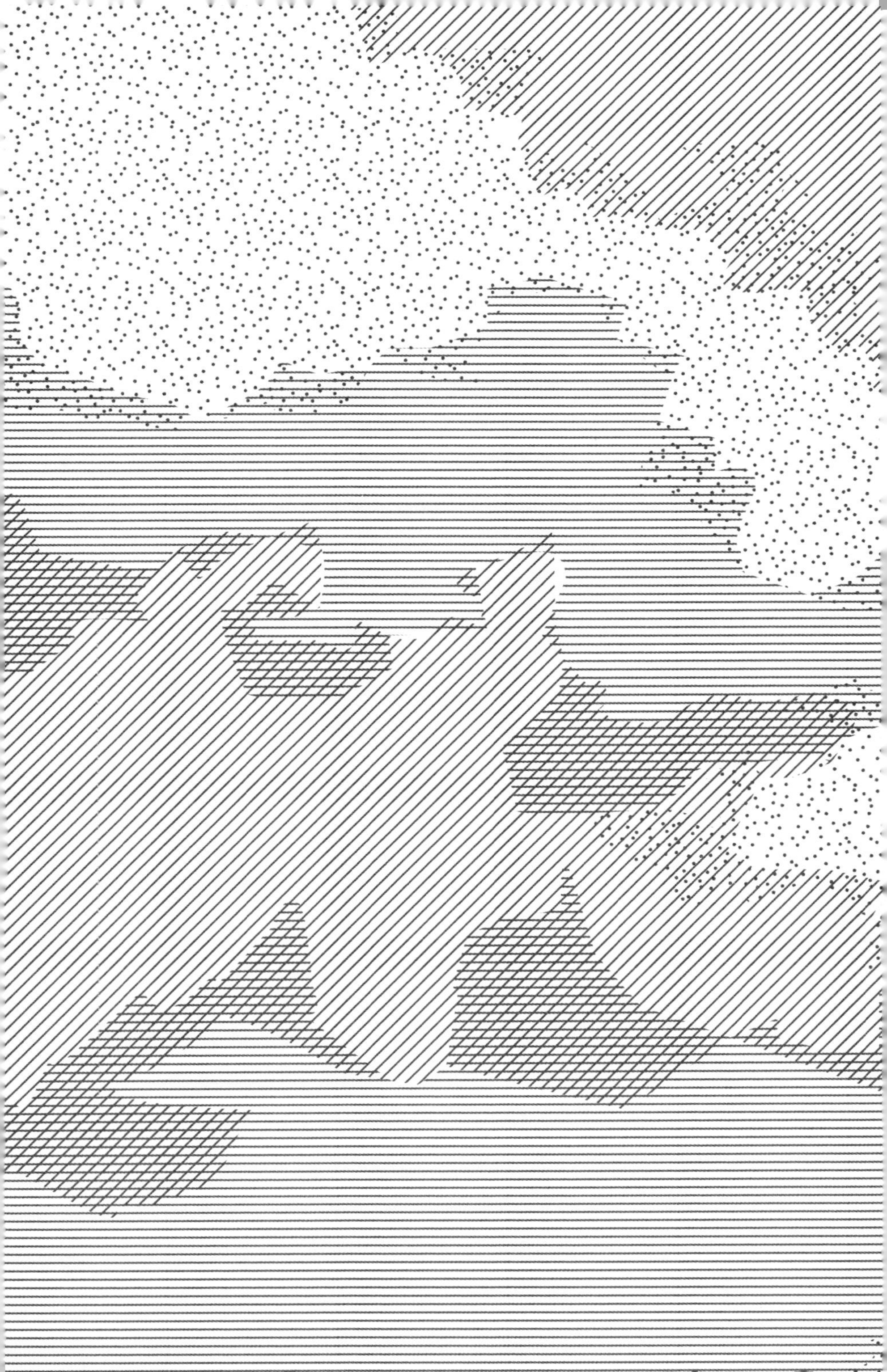

6

a união de duas pessoas – quando dois sistemas se encontram

Muitos casais começam uma relação amorosa porque buscam um pai ou uma mãe em vez de um parceiro.

Aí é que começam os conflitos. Se uma mulher escolhe alguém por causa do *status* social, financeiro, ou se um homem, por sua vez, escolhe alguém porque quer conquistá-la como um troféu ou porque ela tem determinada situação, a união não será capaz de resistir a crises.

Se temos aquela situação que já descrevemos, e que é muito recorrente, na qual o homem continua a ser um filho em busca de uma mãe e a mulher continua a ser uma filha em busca de um pai, suas relações, embora possam ser intensas e afetuosas, não são relacionamentos de homens e mulheres adultos.

Bert nos ensinou que, em geral, "as pessoas que estabelecem relacionamentos na esperança, reconhecida ou não, de que ganharão algo que não recebem do pai ou da mãe, estão na verdade procurando pais".

Logo, esta união não é baseada no amor e sim no apego. O apego que então se desenvolve é o apego entre filhos e pais. Esses casais podem até ser muito felizes durante algum tempo, mas, se tiverem filhos, cônjuges e filhos encontrarão dificuldades para ajustar sua parceria. O amor é limitado também quando um parceiro age com o outro valendo-se da autoridade paterna, tentando educá-lo, melhorá-lo ou ajudá-lo.

Se acontecer de o adulto querer tratar o outro como criança, a relação já era. A reação imediata é que o parceiro tratado como criança busque "sair" daquela dinâmica familiar.

Como eu já disse, a maioria dos conflitos de poder em relacionamentos íntimos ocorre quando um parceiro insiste em tratar o outro como filho, mãe ou pai.

Meu filho mais velho, por exemplo, teve uma mãe que fazia tudo para ele, no entanto, quando se casou e saiu de casa, aprendeu a ser homem, saiu da posição de filho e entrou na posição de marido e de patrão. Como eles têm condições financeiras e são muito atarefados, decidiram contratar uma pessoa para atender suas demandas domésticas. Mas existem milhares de mulheres que reclamam que os maridos agem como se fossem filhos.

Agora conto com mais detalhes a história da paciente que me procurou porque o marido jogava a toalha úmida na cama e ela tinha que colocá-la no banheiro todos os dias. Ela me dizia, indignada, que não achava aquilo justo! A questão, no entanto, não diz respeito à justiça ou injustiça e, sim, que é preciso estabelecer regras dentro de casa, como dois adultos.

Aqui entrou a pergunta que fiz a ela: "Quais são seus 50% nisso? Já te falei sobre os 50%. Esta pergunta será de grande valia na sua vida daqui em diante".

Se ele faz e ela repete isso, esse padrão também é dela, e não apenas do outro. Por que ela quer educar um homem como se educa um filho?

Na união de duas pessoas, dois sistemas familiares se encontram.

Todos temos nossos primeiros relacionamentos com a mãe, sejamos mulheres ou homens. Porém a menina deixa essa esfera de influência e passa para a do pai, como primeiro amor da menina.

Mas o homem acha o feminino tão poderoso, tão atraente e tão insinuante que lhe é difícil renunciar a ele. Ele não pode fazê-lo sozinho. E para deixar de ser menino para tornar-se homem, terá de se associar ao pai, ao avô e ao mundo masculino. Só aí encontrará forças para escapar da esfera da mãe.

Já a menina, se permanecer sempre na esfera de influência da mãe, não sentirá atração pelo masculino encarnado no pai.

É difícil para a mulher aceitar plenamente um homem, se não se afastar do pai. Quando a mulher ainda está apegada ao pai, acredita inconsciente e secretamente que seria melhor parceira para ele do que sua mãe.

Chamamos isso de "crença infantil".

Para fazer um ajuste simples, ela precisa dizer a si mesma: "Mamãe é sua esposa e eu sou apenas a filha, ela é um pouquinho melhor para você do que eu, que sou apenas filha".

Se uma mulher tem amor infantil pelo pai e tenta atender suas expectativas ficando na esfera de influência dele... Tem como objetivo sempre satisfazer o pai e permanece a vida adulta como a filhinha dele.

Como em qualquer jornada, só podemos alcançar um ponto depois de termos percorrido todo o caminho até ele e, dessa forma, existem círculos durante a jornada, onde cada um deles contém uma realização essencial que deve ser feita antes de se poder tomar plenamente o círculo subsequente. Em outras palavras, somente quando nos preenchemos de um círculo estamos aptos a avançar e nos preencher do círculo que vem a seguir. Vou falar mais sobre o círculo do amor em breve.

Você deve estar se perguntando sobre tudo o que permeia um relacionamento a dois e eu vou dizer que é muito comum se casar com alguém diferente de você. O que atrai é o diferente. Muitos fortes se casam com submissos e se respeitam. E, desta forma, encontram o equilíbrio que tanto procuram.

O que é preciso para se atingir o equilíbrio é a igualdade. Se eu gosto muito de ir ao baile e meu companheiro não gosta, por exemplo, o que me atrai é essa cultura dele e o que o atrai em mim é a minha alegria. Se ele prefere ficar em casa e eu prefiro ir ao baile, precisamos entender que esta diferença pode também ocasionar a separação.

Quando os dois são muito diferentes, é necessário saber o que se compartilhar entre o casal. Quando temos um casal formado por um homem e uma mulher e ela é mais forte do que ele, como equilibramos isso? Primeiramente, é preciso saber que o gênio de um pode ser mais forte do que o de outro.

Se um é estopim, o outro não pode ser bucha de canhão. É fundamental estabelecer onde é meu território sempre respeitando o território do outro e permitindo que o outro respeite o meu.

É importante fazer esse refinamento. Se um católico se casa com um evangélico fervoroso, há um choque. É preciso sempre se perguntar na relação: "o que tem de similar em nós para que possamos fazer um bom equilíbrio? O que tem de diferenças que podemos alavancar?" E, claro, pedir permissão ao sistema para deixar alguns valores com eles, pois podem ficar pesados e desequilibrar a relação.

Numa relação a dois, não descartamos nada, nem mudamos ninguém. Existem características pessoais e sistêmicas que devem ser respeitadas. O casal estabelece seus princípios e isso é cultural. A cultura e a evolução dos tempos trouxeram novas realidades.

Um casal é formado por um "eu" e um "tu" que formam o "nós". E esse "nós" é composto pelo "eu e tudo de mim" + "o tu e tudo de ti".

A maior causa de brigas nas famílias é o relacionamento entre as pessoas. Isso porque o relacionamento é composto pelo todo e saber delimitar isso é que é a chave da questão!

Relacionamento é tudo na vida. Mas podemos passar pelo círculo do amadurecimento pessoal, do amadurecimento biológico e crescer, entendendo os círculos do amor.

OS CÍRCULOS DO AMOR

Primeiro círculo do amor: os pais

Como todos sabem, nossa vida começa com nossos pais. A minha só foi possível porque Cecília e Pedro se encontraram e decidiram se relacionar. Entenda que nenhuma outra combinação entre duas pessoas teria resultado em nós. E é importante perceber isso. As minhas características herdadas dos meus pais e dos antepassados - combinadas - resultaram na minha formação como ser humano.

Logo, todos nós precisamos honrar e entender nossos pais. Mesmo que depois desse encontro não tenham ficado juntos. Foram, e são, o pai certo para nós e a mãe certa para nós.

Acredite: o ponto máximo do encontro entre um homem e uma mulher é gerar uma vida. E os dois foram bem-sucedidos nesse encontro. Eles geraram a sua vida.

A primeira pergunta que faço a você é: existe algo maior e mais importante que a sua vida? Existe algo mais precioso?

Nenhum presente que nos tenha sido dado é mais importante que a nossa vida. E é por isso que os pais ocupam lugar de destaque.

Se você quer se sentir pleno, precisa ser capaz de reconhecer que aqueles que te deram a vida ocupam um lugar quase sagrado.

Mas eles não apenas te deram a vida, como também se dedicaram a cuidar de você e a criá-lo. Neste momento, pode ser que você esteja dizendo "mas meu pai me abandonou", ou "minha mãe cometeu esse erro", ou qualquer outra coisa com o intuito de afirmar que eles não cuidaram de você.

Então, eu digo: os pais são humanos e também erram como homem e mulher. Mas como pais eles são perfeitos, porque lhe deram a vida.

Eis a raiz de muitos conflitos. As crianças olham os pais como superpoderosos, enquanto eles são simples humanos. Essas crianças crescem e continuam olhando seus pais com olhos de crianças.

Os pais são seres humanos que tentaram fazer o melhor com aquilo de que dispunham. São duas pessoas comuns que se uniram com amor e com um projeto de vida que resultou na sua existência.

Quando digo que os pais são perfeitos como são é por causa dos erros que julgamos que eles tiveram que nos tornamos quem somos. Desta forma, eles nos preparam para o mundo. Até mesmo alguns pais que são considerados doentes e que a família teve que intervir: este fator talvez seja o maior impulsionador para aquele filho ter qualidades de superação e sucesso, pois teve que aprender e lutar para crescer.

Aposto que você nem se deu conta de que seus pais também são filhos. Que eles foram crianças e passaram por tantos "perrengues" ao longo da vida.

Os nossos pais carregaram dores, sonhos, frustrações, culpas. E mesmo com toda essa bagagem, fizeram o que estava ao alcance deles para tornar a nossa vida mais leve.

Quando negamos nossos pais, é como se fechássemos o portal que nos conecta à fonte de nossa vida. Cortamos o que nos conecta ao que veio antes deles. Não tomamos a herança preciosa que nos dão através de seus antepassados e todo suor, lágrimas, sangue e vitórias que foram necessários para que estivéssemos onde estamos hoje. Para que a vida pudesse continuar através dos filhos.

Veja agora se você está gerando conflitos e emaranhados negando seus pais.

De que forma? Se estiver reclamando deles, julgando o que fizeram com você, criticando, querendo ensiná-los a serem melhores ou fazendo exigências.

Se você se identifica com algum destes pontos, faça o exercício de lembrar-se de que seus pais fizeram o melhor com a condição que tinham no momento. Tomar nossos pais é concordar que eles são perfeitos exatamente da maneira que são, entendendo que independentemente do que tiverem feito, diante da vida que nos deram, são os únicos pais que podemos ter. Portanto, são os pais certos para nós.

Quando reconhecemos nossos pais e a grandeza deles, somos capazes de reconhecer uma verdade: **nossos pais não precisam de nós**. Isso quer dizer: não precisamos ter a sensação de que precisamos fazer nossos pais felizes ou preenchê-los de alguma forma.

Pode até ser que seus pais digam que precisam de sua presença para serem mais felizes. A verdade é que, assim como nós precisamos deles, eles precisam dos seus próprios pais. Logo, não são os filhos que preenchem os pais. São os pais que preenchem os filhos.

Quando reconhecemos nossos pais, aceitamos que eles têm as suas questões. Suas dores, seus medos, suas culpas, e não existe nada que os filhos possam fazer para curar isso.

Os pais sempre se alegram quando podem fazer algo pelos filhos. Eles são capazes de esquecer deles próprios para fazer algo pelos filhos e você pode achar que não, mas só pelo fato de a sua mãe aceitar gestar você ela já deu muito de si. Ela deu sangue, nutrientes, muitas vezes ficou sem nutrientes para o próprio corpo para gerar uma nova vida. Ela abriu mão de muitas coisas para gerar a sua vida.

Se você "dá trabalho" para seus pais, isso quer dizer que você permanece pequeno diante deles. Portanto, é genuíno pedir ajuda de seus pais de vez em quando em vez de simplesmente se fazer de autossuficiente.

Peça pequenas coisas que estiverem ao alcance deles para que eles possam se sentir úteis. Seja um prato que gostam de preparar ou qualquer coisa que possam fazer por você.

O primeiro círculo do amor começa com o amor recíproco de nossos pais, como um casal. Foi desse amor que nascemos. Eles nos geraram e nos acolheram como seus filhos. Eles nos nutriram, abrigaram, passaram a bagagem ancestral e protegeram por muitos anos.

Quando tomamos esse amor deles com amor, esse torna-se o Primeiro Círculo de Amor. Ele é a condição para todas as outras formas de amor. Como você pode amar alguém se não experimentar este amor? Este amor por essas duas pessoas que te deram a vida?

Faz parte deste amor que amemos também os antepassados de nossos pais. Eles também foram crianças e receberam de seus pais e avós o que depois transmitiram a nós. Também eles, através de seus pais e avós, vincularam-se a um destino especial, assim como nós nos vinculamos a seu destino. A este destino também nós assentimos com amor.

O exercício que proponho agora é que você honre seus pais com a simples palavra "obrigado". Pode ser por pensamento. Mas dirija esta gratidão a eles. Eles sentirão em seu campo essa vibração de gratidão.

Portanto, completamos o primeiro círculo quando nos preenchemos com o amor de nossos pais, então finalmente temos amor o suficiente para transbordar ao mundo.

Segundo círculo do amor: infância e puberdade

Jamais seremos capazes de retribuir à altura tudo aquilo que nossos pais nos deram. Como poderíamos retribuir a vida que recebemos através deles? Como poderíamos retribuir tudo o que fizeram conosco?

Nós temos uma necessidade inconsciente de querer compensar os outros. Se recebemos um presente inesperado, sentimos necessidade de dar algo em troca à pessoa que nos presenteou.

Logo, quando nos damos conta de tudo o que recebemos dos pais, nos sentimos devedores. Crescemos com um desejo inconsciente de retribuir. Nos jovens, esse desejo repercute quando saem de casa para ganhar a própria vida. Porque queremos devolver aos pais aquilo que nos deram, nos sentimos devedores, lembram?

Mas, não conseguimos devolver aos pais tamanho presente. Então começamos a alimentar a necessidade de servir aos outros. Porque sabemos que muito do que nossos pais nos deram pode ser colocado a serviço de outras pessoas através de nosso trabalho.

Começamos a sentir que somos dignos retribuindo às pessoas aquilo que recebemos de nossos pais. Como fazemos isso? Através de nosso trabalho. O trabalho nos faz transbordar e devolvermos ao mundo o que ganhamos de nossos pais. Nos sentimos dignos de receber mais amor deles. E paramos de sentir que somos pressionados.

Ainda me lembro de quando decidi fazer faculdade de Psicologia, de como eu me cobrava internamente para ser bem-sucedida para que meu pai pudesse ter orgulho da filha. Eu queria devolver a ele tudo o que tinha me dado e hoje me sinto grata em devolver através do trabalho com as famílias. Da mesma forma, meus filhos seguem seus caminhos criando inúmeras possibilidades de servir com excelência, porque tiveram essas raízes.

São as mães que se dedicaram incondicionalmente a nós desde a concepção e geralmente na infância. O sucesso tem a face da mãe, porque só aquele que toma a sua mãe pode servir através do trabalho com alegria. Quando servimos, nos conectamos à nossa mãe: foi ela quem primeiro trabalhou para nós e nos serviu.

O pai nos conecta com a terra e com o que é necessário para mantermos a vida. Com o pai, realizamos. Fazemos e, quando nos realizamos através do trabalho, nos conectamos ao nosso pai.

Portanto, trabalhar é a forma como compensamos nossos pais por tudo o que fizeram por nós. E assim, nos abrimos a receber mais amor e bênçãos.

Se não gostamos do nosso trabalho ou não queremos trabalhar, tentamos compensar nossos pais de outras formas: geralmente carregando as dores ou a culpa deles.

Agora, é importante que você respire fundo, porque o que vou dizer pode ser uma grande revelação.

Seu trabalho atual é sempre o certo para você. Por quê? Porque ele nos confronta com tudo que queremos evitar dentro de nossa família.

Se deu um nó na sua cabeça, vou explicar melhor: sabe aquelas pessoas com as quais você se relaciona no trabalho? Existe um motivo para que elas ajam de determinada maneira com você. Muitas vezes, as situações que encontramos em nosso trabalho são reflexos de nossa postura interna diante da vida, e essa postura, por sua vez, é reflexo da maneira como estamos em relação com o primeiro círculo do amor, ou seja, preenchidos por nossos pais ou vazios deles.

O nosso segundo círculo do amor é a infância e a puberdade. Tudo o que nossos pais nos deram, incluindo o “nos deram para outros cuidarem" e os cuidados que tiveram conosco, dia e noite questionando o que precisávamos.

É incrível quantas coisas boas os pais dão aos seus filhos. Mesmo assim, eles cometem erros. Deixam de ver coisas. E isso faz parte.

São esses desafios que nos fazem crescer. Estar diante da dor é uma maneira de crescer. Quando aceitamos isso, crescemos. Mas o que as crianças fazem muitas vezes? Elas se tornam doadoras. Elas querem assumir o que acontece de errado na vida de seus pais.

A criança não pode retribuir na mesma medida. Nem ser cobrada pela vida que recebeu dos pais. Para tomar seus pais e retribuir a eles, você pode fazer o exercício de honrar aos outros e usar seu trabalho para gerar mais vida em honra a seu pai.

Deste modo você pode transbordar o que recebeu dos pais e avançar.

Terceiro círculo do amor: dar e tomar

Logo nos tornamos adultos. Percebemos que nos falta algo para sermos completos e passamos a sair em busca de um parceiro ou parceira amorosa.

Desta forma, nos rendemos à força da própria vida. Nesse momento iniciamos um relacionamento.

Perceba uma coisa: lembra que comentei o quanto é importante estar preenchido de seus pais? Pois é: só se estiver preenchido de seus pais você poderá ter um relacionamento como adulto.

Por que, Sonia?

Porque não precisará exigir que o outro atenda suas expectativas ou preencha seus vazios. Dessa forma, a pessoa já entra em um relacionamento inteira e procura o outro para se tornar completa.

A coisa mais comum do mundo é ver casais que não se completam. **Casais que estão buscando no outro aquilo que não tiveram nos pais.** Por isso, antes de começar um relacionamento, é importante exercitar os passos que ensinei nos círculos anteriores, para que, quando surgir um relacionamento, este seja saudável.

Bert Hellinger diz que o homem tem algo que falta à mulher e a mulher tem algo que falta ao homem, e assim, juntos, eles se completam para fazer a vida. Aqui, o mais importante não é o quanto cada um dá ao parceiro, e sim o quanto cada um toma para si daquilo que o parceiro lhe oferece. O **equilíbrio** é importante justamente no tomar, porque é necessário que ambos tomem do outro na mesma medida.

Você pode estar se perguntando o que é tomar, e eu digo:

Tomar é ato difícil, porque, para tomar, precisamos admitir que precisamos do outro e reconhecer que o que tomamos tem valor.

Em outras palavras, sempre que tomamos do outro algo de que precisamos, devemos reconhecer o valor disso e ser gratos ao parceiro. Então, o dar fica mais fácil, pois será apenas a consequência do tomar.

Nos relacionamentos entre casais, este é um grande desafio porque somos colocados diante do que mais queremos evitar. Ou seja: tudo em nós que não foi incluído ou assimilado será constantemente trazido a nós por meio do parceiro. Por isso nossos parceiros são sempre os certos para nós.

Você pode acreditar que a atração contribui para aproximar um casal, mas não é isso que nos aproxima uns dos outros. O que mais contribui para a permanência do relacionamento é o equilíbrio entre o dar e o receber.

Por isso, somente adultos podem ter relacionamentos duradouros e plenos, porque um relacionamento exige que eu dê e tome em equilíbrio aquilo que meu parceiro dá e toma de mim.

Veja que tomar do outro é uma verdadeira arte, porque quando alguém nos dá algo, aquela pessoa nos deseja algo de bom. E, dessa forma, tomamos para nós.

Os adultos devem dar sem esperar que o outro lhes dê algo que não pode dar. Essa atitude nos dá força para nos tornarmos pais ou mães. Nela, o tomar se completa e é essa a transmissão que gera o intercâmbio entre as gerações.

Este é o terceiro círculo. Quando as duas partes do casal tomam, cada uma, totalmente seus pais e iniciam uma relação, deixam fluir aquilo que veio de seus pais. Então se dão reciprocamente.

Para termos equilíbrio, precisamos dar e tomar na mesma medida, também as coisas ruins. Como assim? Se um só perdoa o erro do outro, ele se coloca num nível acima do que é perdoado. E o relacionamento só acontece entre dois iguais.

Já percebeu que o que está "abaixo" sempre está pronto para partir? Porque ele não se sente à altura do parceiro nem digno a seu lado.

Preenchidos de nossos pais podemos primeiro servir e depois dar e tomar em um relacionamento.

Sophie Hellinger, esposa de Bert, em seu seminário em São Paulo, disse que plenos de nossos pais, servimos aos outros, e encontramos nosso lugar na vida e no mundo. Um relacionamento de casal entre pessoas preenchidas por seus pais é fonte de força e apoio mútuos, e assim, juntos, os dois conseguem fazer mais e ir mais longe.

Quarto círculo do amor: tomar toda a família e/ou os filhos

Lembra-se da lista que você fez, lá na página 41? É importante perceber que essas pessoas todas são parte do seu sistema familiar. Portanto, o quarto círculo do amor representa a aceitação desse círculo como um todo, como todas as pessoas com as quais você tem vínculo. Mas o que acontece em muitas famílias? A exclusão de um membro. Importante lembrar sobre as pessoas excluírem um familiar e outro familiar começar a representar aquele comportamento, incluindo no sistema.

Muito daquilo que queremos esquecer surge em nossos filhos. Esse é um grande desafio. Quando condenamos ou julgamos, aquele que julgamos é representado em atitudes do próprio filho. Por isso, acabamos amando nossos filhos incondicionalmente, mesmo com aquilo que odiávamos no outro.

É nesse círculo do amor que incluímos e concordamos com toda nossa família, seja por meio da percepção de que todos os membros de nosso sistema têm o mesmo direito de pertencer e ser amados, seja por meio dos nossos filhos.

Para os filhos, podemos fazer tudo o que é necessário sem a preocupação de mantermos o equilíbrio, e assim também estaremos retribuindo o muito que nossos pais nos deram.

O quarto círculo nos faz concordar com todas as pessoas da família. Por isso mesmo, esse círculo representa a aceitação plena de todo o sistema familiar, inclusive os que foram rejeitados, desprezados e esquecidos.

Quinto círculo do amor: serviço para a humanidade

Nosso sucesso e realização plenos passam necessariamente por nossos pais, pelo serviço aos outros, pelo relacionamento e pela inclusão de toda nossa família e, em muitos casos, pelos filhos, porque em cada etapa é necessário desenvolver posturas e recursos que nos serão extremamente úteis no quinto círculo do amor.

O quinto círculo do amor se dirige à humanidade. Aqui se trata de concordar com o mundo como ele é. Isto diz respeito à capacidade de reconciliação entre os povos, por exemplo. Este é o amor universal, que sabe que somos movidos por poderes superiores.

Encontrar seu lugar na vida e no mundo passa por encontrar, antes, seu lugar em casa, ou seja, na família; do contrário, ainda que você se esforce muito e empenhe o seu melhor, os resultados na maioria das vezes serão muito aquém do que o esperado.

É admitir que todos os seres humanos são bons. Cada um é apenas da maneira como pode ser. Ninguém pode ser diferente do que é em sua situação. Por isso, todos devem ser respeitados.

Círculos do amor são como um caminho possível e não como "o" caminho. Este é o caminho do homem comum, que descobre o valor das pequenas felicidades e que se concentra em fazer primeiro aquilo que é preciso, e depois se contenta em fazer aquilo que é possível. Porém, à medida que faz o que é possível, acaba percebendo que mais escolhas se abrem em sua vida, e assim, de passinho em passinho, vive plenamente sua vida e a leva para frente.

Faça uma autoanálise após ler este capítulo. Responda para si mesmo, a fim de olhar para a sua história com responsabilidade, identificando situações como as que foram descritas ao longo deste capítulo. Reflita se é possível realizar pequenos ajustes sistêmicos nessa(s) situação(ões).

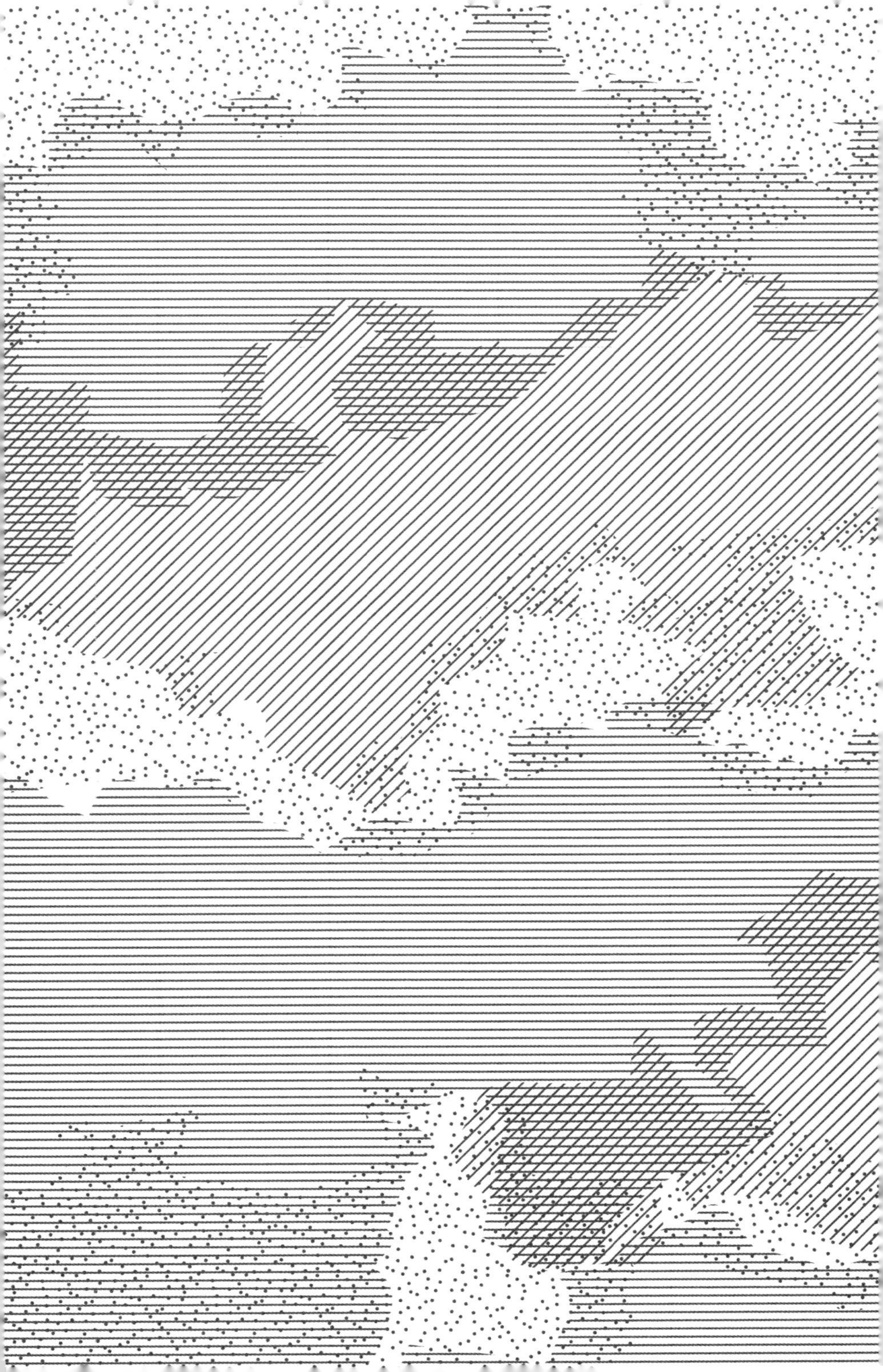

7

a dinâmica entre pais e filhos

Em muitos lugares aonde vou, percebo que hoje um dos grandes conflitos que as famílias enfrentam é relacionado aos limites que dão ou não dão aos filhos.

Costumo dizer para os pais que eles devem dar continente aos filhos.

Imagine um rio. Ele tem que fluir, mas se deixarmos que ele flua sozinho, sem as margens, vai se esparramar. Então, é preciso o continente dos dois lados. E esse é o papel dos pais: estar de um lado e de outro dando este continente para os filhos.

Hoje em dia, colocam-se contenções equivocadas e é preciso que todos tenham consciência em primeiro lugar de que sistemicamente pai é pai, mãe é mãe e filho é filho. Adulto tem a obrigação de cuidar do filho. Para o sistema seguir, você precisa se dedicar aos filhos. Você precisa estar disposto a cuidar do filho.

Mas, Sonia, você não disse que quando o filho nasce, se a mãe fica à disposição da criança, o casamento pode ruir?

Sim, se esta mulher esquecer o marido e se voltar para a criança por tempo indeterminado, isso pode acontecer, no entanto, a criança precisa de cuidados quando nasce e a esposa necessita da atenção do marido.

Conheço casos de extrema negligência em que os pais não assumem papel de pais quando lhes cabe a responsabilidade e acabam perdendo os filhos. Eles precisam de cuidados e, em determinado momento, os pais precisam deixar que voem.

Vemos pais permissivos ou rígidos demais. Para que encontremos a resposta, basta usar o termômetro do bem-estar. O termômetro deve sempre ser o bem-estar, que é um dos fatores da felicidade, porque felicidade é uma junção de vários fatores.

Vamos pegar um exemplo da festa de 1 ano da criança. Ela é feita para quem? Para a criança ou para os pais?

Ela é importante para a criança porque dentro do conceito social, mais tarde, a criança vai trazer para si a memória dessa celebração e de sua importância? Ou é a celebração da satisfação da presença da criança para os pais?

O que fica registrado é que a vida deve ser celebrada e as crianças passam a comemorar a própria vida com o ritual onde celebram algo. Assim como antigamente as meninas faziam a festa de quinze anos que simbolizava que estavam prontas para seguir em frente.

Há uma distorção muito grande quando os pais acreditam que para que as crianças estejam felizes precisam ganhar coisas materiais. Enchem as crianças de brinquedos e não conseguem celebrar pequenos momentos de maneira simples, com passeios reais ao parque ou fazendo atividades em que possam desfrutar da presença dos filhos e vice-versa.

Com a questão do trabalho, a relação acaba ficando ainda mais complexa porque os pais sentem-se indo ao trabalho como quem vai a um lugar onde há sofrimento. Trabalhar realmente não é fácil. Requer que você tenha coragem e determinação. Mas a questão: trata-se de um fardo ou de uma bênção?

Eu sempre tomei cuidado para meu trabalho ser uma bênção e não um fardo. Lembra na introdução que coloquei a frase que minha mãe me ensinou começar o dia com alegria, com o compromisso de fazer e terminar agradecendo por ter dado o melhor de mim daquele dia?

Trabalhar é sair para garantir o sustento e fazer a vida prosperar. Mas, independentemente do que os pais fazem, cada filho toma a situação de uma maneira distinta. Os pais não precisam ter a preocupação de como cada filho vai tomar aquela situação de sua maneira, isso faz parte do livre-arbítrio.

Felicidade × bem-estar em família

É importante que entendamos que, dentro de uma família, a felicidade é uma construção e ela chega a você pelo caminho do bem-estar, que é relativo para cada um, ou seja, o que significa bem-estar para você pode não ser o mesmo que significa para mim.

Você pode aprender a ser feliz porque você precisa aprender a lidar com seu bem-estar.

Não podemos medir nossa felicidade com a de outra família porque o bem-estar equivale a uma coisa para cada um.

Um exemplo: você entra numa loja de sapatos. Eles servem para qualquer pé que caiba aquele número. Mas alguns não se sentem confortáveis naquele sapato. Além da beleza do que remete para um ou para outro, existe a situação do conforto.

O sapato bonito pode ser tudo que as pessoas dizem. Mas para mim ele traz desconforto.

Porque quando ando com ele faz um barulho. Não traz bem-estar e não cabe no meu pé.

Identifique o que traz bem-estar familiar em vez de pautar apenas pelo seu conceito de felicidade.

O bem-estar, para mim, não é o luxo, e sim o conforto. Um exemplo é me hospedar num hotel luxuoso, mas se não me dá o conforto de ter o ovo preparado do jeito que eu gosto, isso não me dá bem-estar. O bem-estar é um território particular de cada um. Em relação ao núcleo familiar, muitas famílias estão em busca de harmonia familiar. Ficou embutida na cabeça de muitas pessoas a família do pote de margarina, que é a família perfeita, aquela em que todo mundo fica sorrindo com cara de paisagem. E a família não é assim, a família é dinâmica e cada uma com as próprias particularidades.

Com seus altos e baixos. Então, é um território particular de cada um.

A felicidade como muitos a concebem é um conceito utópico. Mas a psicologia positiva sugere que a felicidade é mais do que obtida. É o resultado natural de construir o nosso bem-estar e satisfação com a vida. O professor Martin Seligman passou vários anos desenvolvendo uma teoria da felicidade. Ele queria identificar os blocos de construção do bem-estar. Ele desenhou um modelo de bem-estar de cinco lados e chamou de modelo "PERMA", uma sigla para cada um dos elementos|:***P**ositive emotion* (emoção positiva), ***E**ngagement* (engajamento), ***R**elationship* (relacionamentos), ***M**eaning* (significado/sentido), ***A**ccomplishment* (realização, seria essencial para o nosso bem-estar). Juntos, eles nos auxiliam a ter uma vida feliz e florescente. Como *Master Trainer* em Psicologia Positiva e professora de felicidade, eu estudei bastante essa tese e trago um pouco dela a seguir:

Emoção positiva

O dr. Seligman diz que quando alguém nos questiona sobre a nossa satisfação em relação à vida, respondemos dependendo do humor com que estamos. Se estamos nos sentindo positivos, olhamos para a nossa vida com alegria.

Quando nos sentimos bem, compartilhamos bons sentimentos com os outros. E embora experimentemos altos e baixos na vida, se olhamos para o passado com dor e arrependimento, ficamos deprimidos. Quando pensamos no futuro, ficamos ansiosos. Precisamos reconhecer as emoções positivas para desfrutar do presente sem preocupação.

Para praticar isso, a Psicologia Positiva nos ensina a experimentar por mais tempo as emoções boas. Passando mais tempo com amigos, praticando passatempos, exercitando-se. Sempre deve haver espaço na vida para cultivar tais emoções.

Engajamento

Para ter prosperidade na vida, precisamos estar engajados com algo. Nós não prosperamos quando não estamos fazendo nada porque além de nos sentirmos inúteis, ficamos entediados. Por isso, quando nos envolvemos com nossa vida e trabalho, nos tornamos absorvidos e isso faz com que entremos no fluxo.

Na Psicologia Positiva, o "fluxo" descreve um estado de imersão absoluta e feliz no momento presente. É mais provável que possamos cumprir o nosso potencial quando nos dedicamos a atividades que nos absorvem e nos inspiram nos deixando nesse estado. Grande parte do trabalho da Psicologia Positiva envolve o cultivo de forças, virtudes e talentos pessoais. Quando identificamos os nossos pontos fortes, podemos nos dedicar ao trabalho e às atividades que nos fazem sentir bem-estar.

Relacionamentos

Todos necessitamos de conexão para ter bem-estar. Melhoramos o nosso próprio bem-estar através da construção de fortes redes de relacionamentos ao nosso redor, com familiares, amigos, colegas de trabalho, vizinhos e todas as outras pessoas em nossa vida.

Você já deve ter ouvido falar que a felicidade só é válida quando compartilhada. Quando compartilhamos nossa alegria com aqueles que amamos, sentimos ainda mais alegria.

Por isso, nossa relação com a família e com as pessoas nos ajudam a manter o equilíbrio em nossa vida. É importante construir e manter relacionamentos, mas é igualmente importante reconhecer a diferença entre um relacionamento saudável e um prejudicial.

É indicado que possamos fazer um esforço para manter nossas conexões e trabalhar para fortalecê-las.

Significado (sentido para viver)

Estamos no nosso melhor quando dedicamos nosso tempo a algo maior que nós mesmos. Podemos canalizar essa atenção para aquilo que nos faz sentir úteis ou dá significado à nossa vida.

É muito importante sentir que o trabalho que fazemos é coerente com nossos valores e crenças pessoais. Você pode encontrar significado na sua vida profissional, bem como no seu pessoal. Se você vê uma missão mais profunda no trabalho que você faz, você está melhor colocado para aplicar seus talentos e pontos fortes a serviço dessa missão.

Realização

Para alcançar o bem-estar e a felicidade, devemos olhar para trás em nossas vidas com um sentimento de realização: "Eu fiz isso, e eu fiz isso bem".

Os sucessos passados nos fazem sentir mais confiantes em relação às tentativas futuras. Quando você se sente bem com você, é mais provável que compartilhe suas habilidades com os outros. Você será motivado para inspirar as pessoas ao seu redor a alcançar seus próprios objetivos.

8

o campo mórfico

Você não precisa entender o campo mórfico. Basta saber que ele existe.

Saber que ele existe é entender que existe uma ciência por trás do pensamento sistêmico. Não é magia. É um fenômeno que gera a transmissão de informações à distância, entre os seres de mesma espécie, não sendo necessário aparelho algum para a condução da informação, que é levada ultrapassando obstáculos, e que pode acontecer em diferentes intervalos de tempo, tecnicamente chamamos a isso de ressonância mórfica.

Quem teorizou isso foi o biólogo Rupert Sheldrake. Ele percebeu que existiam muitos "campos" porque existiam muitos padrões na natureza. Os campos morfogenéticos levam informações que influenciam os sistemas. Cada sistema tem sua organização e padrão próprio. Pode-se perceber isso no funcionamento de uma galáxia, dos cristais, das moléculas, das plantas, dos animais. Assim também funciona com as sociedades e com as famílias. Ou seja: cada sistema tem a sua estrutura que se organiza sozinha.

Desta forma, Sheldrake descobriu que os sistemas se organizam por si só. Os animais, por exemplo, crescem espontaneamente. A causa das formas é a influência de campos organizacionais, que Rupert chama de campos mórficos.

Portanto, aqui neste livro eu espero te oferecer conteúdo para que você entenda o que é um sistema e como sua família funciona, para, a partir da sua consciência sobre esse campo, agir para não transgredir as leis do sistema que podem gerar conflitos para a sua família.

Pode ser que você sinta a necessidade de se consultar com um profissional constelador para te ajudar encontrar possíveis soluções para sua questão familiar, mas o simples fato de reconhecer o que você ainda não conseguia entender, já fará com que ajustes se façam naturalmente nos campos da família.

Muitas pessoas dizem não "acreditar" que seja possível existir ajuste sistêmico que possa trazer consequências na vida do outro. A verdade é que o campo morfogenético prova que não existe em que 'acreditar' ou não. É um fenômeno observável nas estruturas familiares.

Há uma espécie de memória integrada nos campos mórficos de cada coisa organizada. Da mesma forma, existe essa memória na sua família. Não é um DNA, não pode ser visto, mas conforme percebemos algumas questões, entendemos a raiz delas.

Se na sua família há dificuldades, questões que se repetem ao longo da existência e que não se ajustam, espero que, após ler este livro, consiga curar esse sistema familiar, assim como milhares de famílias o fizeram. Bert Hellinger reuniu uma vastidão de conhecimentos para balizar a Constelação Familiar e levá-la para o mundo todo e outros profissionais, estudiosos com o mesmo gabarito dele, ampliaram esse conteúdo e eu reuni todo esse aprendizado, acrescentei diversos conhecimentos de outros estudiosos e minhas vivências. Espero do fundo do meu coração que você abra sua mente e seu coração para ouvir e perceber o que pode corrigir dentro do seu sistema familiar. Quanto mais famílias curadas tivermos, melhor será a nossa vida em sociedade.

Porque a minha missão de vida é caminhar rumo ao bem-estar, à felicidade e à abundância, multiplicando conhecimento e levando instrumentos para as pessoas realizarem também suas missões de vida. Quero que você seja feliz, independente, equilibrado dentro do seu sistema familiar e quero, acima de tudo, que seja responsável pela sua própria vida.

Não podemos terceirizar nossa felicidade.

A jornada de vida com as famílias

Mesmo fazendo parte de uma família completa com avós, tios, primos, pais e irmão, após a morte da minha mãe, fui morar no colégio interno e durante esse período eu buscava explicações, tentando entender minha vida, com tantos desafios que me faziam questionar o porquê daquilo tudo, o que me levou a estudar psicologia, me tornar terapeuta, estudar psicologia positiva, práticas de desenvolvimento do ser e depois de muitos desafios pessoais, familiares, espirituais, econômicos, profissionais, acabei me tornando perita em superar desafios nas diversas áreas da vida. Assim como eu, você já deve ter parado para questionar tudo o que vive.

Eu era multiplicadora de conhecimento, mas sentia que existia algo maior que me guiava rumo à jornada com as famílias. Questionadora por natureza, sempre quis uma explicação para tudo que sentia e vivia.

Foi em 2011 que a certeza de que eu estava sendo preparada para ajudar famílias veio com força total. Era dia 11/11/11 e faríamos um exercício na madrugada por conta de uma formação que eu fazia naquela época, relacionada com a espiritualidade.

Me levantei e fui até a praia para contemplar a natureza e respirar conscientemente. A ideia era me conectar com o movimento da vida em mim e sentir a abundância e a fartura que o Universo oferece a todos nós.

Comecei a olhar para o mar e percebi no céu um azul que juntamente com o azul do mar formava uma grande estrada que se misturava. Naquela madrugada, vi uma fila de pessoas orientais, pareciam pessoas antigas e os últimos daquela fila eram, respectivamente, meu pai e irmão, que tinham falecido dois anos antes.

Fui invadida por um questionamento interno. Eu estaria delirando, por estar sozinha em plena madrugada na praia? Seria um sonho? Uma alucinação?

Pisquei algumas vezes e vi uma senhora de vestido branco com um manto azul. De suas mãos, um raio de luz brilhante me tranquilizava enquanto eu a ouvia dizer:

"Tranquilize-se. Respire. Você não está sozinha. Estou aqui com você e por você".

Aquela voz me aquietava e me transmitia mensagens profundas. Sentia em todas as células do corpo suas palavras reverberarem:

"Você vai levar a minha mensagem. Sua missão será tocar as pessoas para que tenham a certeza de que, mesmo quando o céu estiver nublado, o Sol está lá, como Eu estou todos os dias ao lado de cada um dos meus filhos.

Você fará uma jornada indo ao encontro das muitas famílias que necessitam desse simples ajuste, isto te deixará geograficamente longe dos teus filhos, porém muito próxima e totalmente conectada aos meus filhos e também aos seus filhos."

Na minha cabeça, a única coisa que se passava era "por que eu?".

Eu já trabalhava com psicologia, práticas sistêmicas e frequências vibracionais. Não via sentido em receber uma missão daquela grandeza. Por mais que sentisse dentro do meu coração que minha missão estava conectada a ajudar famílias.

"Você tem o livre-arbítrio de decidir se vai seguir a missão ou não. Decidindo não seguir, nenhum castigo irá lhe acometer. Ao se decidir pela tua missão, irei passo por passo te esclarecendo e você verá que em sua vida há um minucioso planejamento desde sempre, a sua dificuldade da aprendizagem na infância, ter ido morar no Colégio Rainha da Paz. Ali você se conectou comigo, aprendeu a nadar, a rezar, que era um martírio para você, o seu gosto pelos estudos da psicologia, os interesses pelos trabalhos, principalmente a sua jornada profissional, as perdas financeiras e a falência, os filhos, que vieram cada um no tempo correto e com uma qualidade necessária ao seu desenvolvimento. Perceba, filha, que há sincronia em tudo, até mesmo uma simples prestadora de serviço de beleza que vem pintar suas unhas, assim como um parceiro que vem ajudar a alavancar o propósito ou mesmo aqueles que aparentemente possa lhe parecer que vieram para te atrapalhar, para te colocar em situação de dificuldades, estarão também cumprindo este planejamento, pois eles te permitirão ganhar maturidade terrena, necessária a sua missão; foram assim os retiros espirituais e momentos de profundo silêncio. Ao aceitar, você estará bastante exposta a todos os veículos de comunicação para que possam chegar onde é preciso e terá de conviver com duras críticas e grandes elogios. Lembre-se de que eu estarei sempre ao seu lado e vocês poderão comprovar, bastando aquietar e olhar. Filha, você receberá orientações de alguns Mestres, até que fique pronta; eles virão para lhe dar orientações específicas e bastante pertinentes ao trabalho com família e assim como chegam, partem seguindo a missão de ensinar".

Me lembro de que, ao compartilhar o que tinha vivido com Christine Day, a mestra da formação, disse que não tinha certeza se aquilo fora criação da minha mente ou realidade. Quando ela disse: "Sonia, você recebeu uma missão de Maria, mãe de Jesus, Filho de Deus".

Por isso, eu acredito que se este livro chegou até você, perceba que cada palavra pode ser absorvida para que você tenha uma vida como Maria desejou para seu filho Jesus. Este livro não é religioso, e as palavras aqui dirigidas são frutos de um trabalho com Constelação Familiar, que teve início antes deste episódio específico, acrescido de outros estudos científicos. Mas achei que era seu direito saber quem eu sou e como decidi ampliar a visão sistêmica para poder ajudar mais famílias em suas jornadas de crescimento.

Que você possa encontrar possibilidades de autodesenvolvimento, descobrir suas competências, despertar seus talentos e ter um caminhar harmônico em sua vida pessoal. E que seja livre para transformar todos os sistemas.

Faça uma autoanálise após ler este capítulo. Responda para si mesmo, a fim de olhar para a sua história com responsabilidade, identificando situações como as que foram descritas ao longo deste capítulo. Reflita se é possível realizar pequenos ajustes sistêmicos nessa(s) situação(ões).

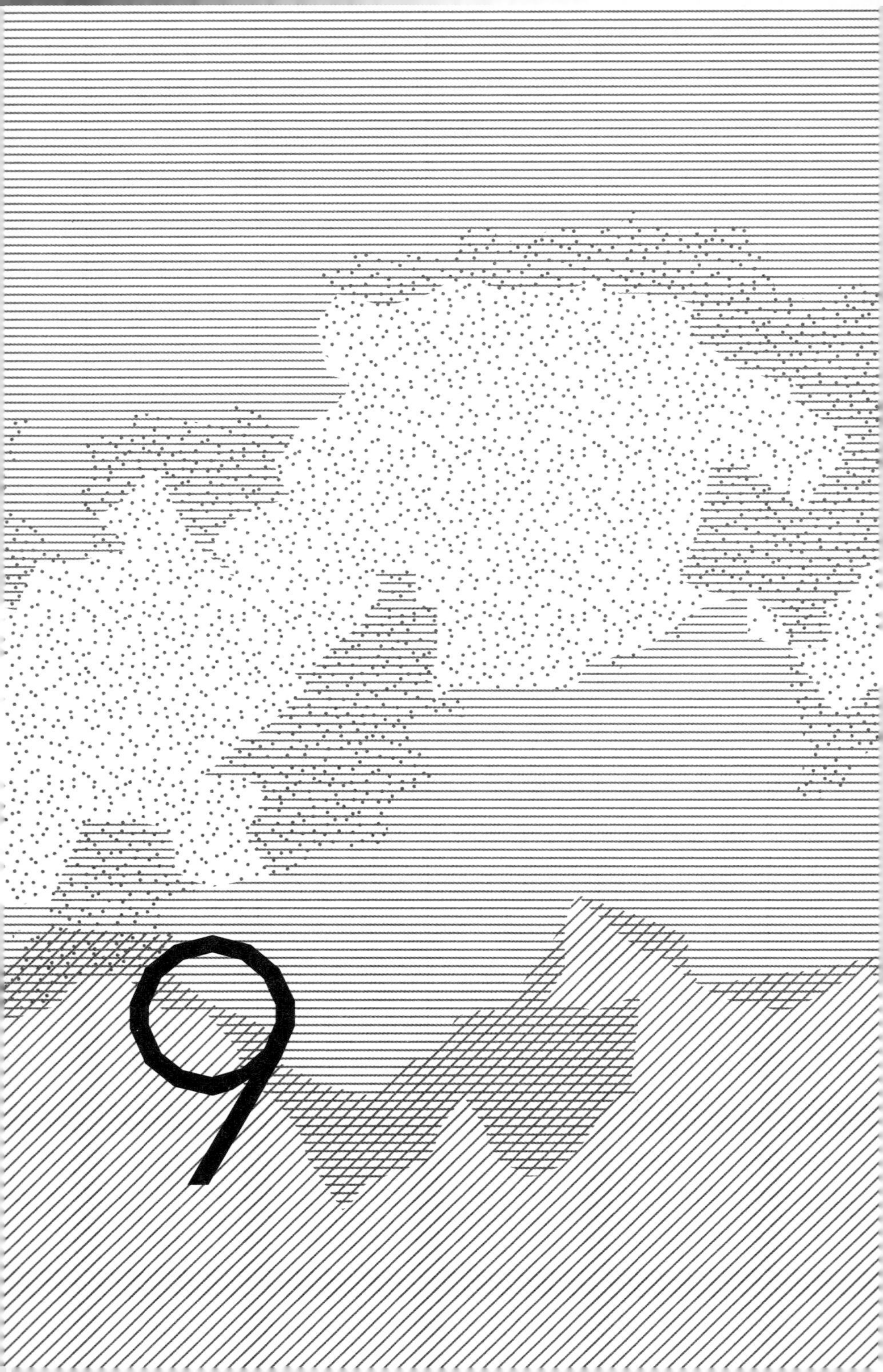

9

a tomada de consciência

Conflitos nos abrem possibilidades de enxergar algo que estamos deixando debaixo do tapete. Já falamos sobre campo mórfico, mas você não precisa entender esse fenômeno para saber como funcionam os ajustes sistêmicos.

Você pode ter uma série de situações dentro de sua casa e reconhecê-los como comuns. Você até se incomoda com tais situações, mas acredita que elas sejam normais em todas as famílias que conhece. Quando desperta para que algo além disso pode estar presente na situação, toma consciência de que existe algo que pode ser observado.

Já sabemos que não herdamos somente um patrimônio genético familiar, mas sistemas de crenças e esquemas de comportamento. Sabemos também que nossa família é um campo de energia no interior do qual podemos evoluir e que cada um de nós ocupa um lugar único dentro do sistema familiar.

O pensamento sistêmico nos dá a oportunidade de compreender tudo de forma mais ampla para que a gente possa se libertar e abrir possibilidade de encontrar paz e felicidade.

Pode parecer estranho para você, que não ouviu falar sobre Constelação Familiar até hoje, saber que o comportamento de um antepassado pode afetar a sua aptidão até mesmo para criar bons relacionamentos.

Muitos de nós ignoramos a influência desse campo energético familiar que nos influencia, mas que na maioria das vezes de maneira inconsciente.

Assim, ficamos presos a comportamentos e atitudes que nos fazem sentir derrotados. E é comum que muitos de nós ajam sem compreender o porquê de fazer determinadas coisas ou arrependendo-se dos atos posteriormente.

É como se a família fosse nossa sina, mas não estamos presos a esta sina. Podemos curar esse sistema, se compreendemos o mecanismo desse processo. Ou seja: se tomamos consciência dele. Desta forma, sanamos o sofrimento que pode vir a perturbar a nossa vida em família e relações em geral.

Quando eu digo que quero que as pessoas tomem consciência, é que com a leitura deste livro você pode participar da busca de soluções para a sua vida e encontrar caminhos para superar as próprias crises e a cura das relações.

Da mesma forma, vai entender que existem ajustes que são afirmações que podem ser feitas para que haja a retomada de movimento amoroso com as pessoas de sua família, trazendo novas possibilidades a todos.

Quero também que você possa perceber que o que está escrito aqui neste livro te traga uma intuição para o melhor entendimento da prática e consequentemente, sua evolução pessoal.

Bernd Isert, meu mestre inspirador, criador do Coaching Integrativo Sistêmico, falecido sócio a quem dediquei o '*FOR BERND*', Fórum de Desenvolvimento de Competências, onde acontecem as formações profissionais, nos deixou grandes ensinamentos que posso resumir assim: "As soluções estão à espreita em todos os lugares".

Bert Hellinger nos ensinou que ver é mais importante do que intuir. Isso quer dizer que a intuição pode ser ampla.

Ela surge como um relâmpago que clareia tudo e nos mostra para onde caminhar orientando rumo ao futuro. O ver nos faz abrir completamente as conexões complexas e permitir que operem em ti "o que é".

"Ver o que é" é o princípio zero que vamos abordar agora. "Ver o que é", é tomar consciência das coisas, sem interpretar nada.

Por exemplo: se eu falar e você começar a me interromper, não consigo dizer nada. Da mesma forma, se eu interpretar os fatos, as coisas que precisam ser vistas não se mostram.

Mas vivemos interpretando tudo, criando respostas para tudo dentro da nossa mente que não para quieta um minuto.

Quando você tem a intuição de que não está bom, você intui e depois olha, vê sem os filtros todos que costumamos colocar. Sem os julgamentos.

Por exemplo: uma mulher acredita que está sendo traída com base em uma "evidência" de que o marido chega tarde em casa. Ela cria uma informação nova com base em um único fato isolado que ela interpreta como sinal de que ele deve estar se encontrando com alguém. Esta interpretação a impede de ver verdadeiramente o que está acontecendo. Ela não está observando. Está simplesmente criando uma realidade a partir do que ela acredita.

O que é o pensamento sistêmico?

Para falar sobre o pensamento sistêmico, preciso entrar um pouquinho nos avanços da física e suas descobertas revolucionárias: o eletromagnetismo que trouxe os motores elétricos, a telecomunicação desde o rádio ao celular; a relatividade que nos traz a questão do tempo e do homem, e a teoria quântica que nos trouxe contribuições para a invenção do laser, dos transistores, dos computadores, da internet e do GPS e com isso mudaram completamente a maneira como vivemos e nos relacionamos. E, aos poucos, uma nova maneira de pensar denominada de "Pensamento Sistêmico" está substituindo o pensamento cartesiano/newtoniano de certo e errado ou de bom e mal. O sistêmico nos remete a sistema. Conforme já te falei sobre o sistema como um complexo de elementos em interação, a exemplo do corpo humano. Isto é, para compreender devemos conhecer não só as partes, mas também todas as relações existentes entre elas.

O pensamento sistêmico nos permite abrir condições de melhoria para sair da fantasia, vir para realidade da vida, de forma consciente e da melhor maneira que pudermos.

Assim, o crescimento interno se realiza em nós e o novo consegue chegar.

Quando nos rendemos ao que é, estamos no caminho do crescimento.

De que forma? Porque podemos, assim, usufruir dos grandes benefícios que recebemos desta herança que nos coube e veio de pais e ancestrais.

Quando me rendo ao que é, encontro força para seguir adiante. Já quando tento negar o que considero "negativo", acabo ignorando tudo de bom que pode vir. E só cresço se aceito o que vem de bom e o que também vem de ruim, sem tentar apagar as partes que considero negativas.

Para se ter plenitude na vida, precisamos ocupar esse lugar de aceitação. Precisamos olhar para as nossas cicatrizes e para as deles. Precisamos encarar as experiências enxergando o tesouro que recebemos de nossos pais.

O que eu quero dizer é que aprendendo o pensamento sistêmico temos infinitas possibilidades para praticar um olhar mais amplo. No pensamento cartesiano o homem usa azul e a mulher usa rosa. No pensamento sistêmico, os dois podem usar a cor que quiserem e o mais importante é: o que faz com que cada um use essa cor e a resposta vai variar com o significado que cada um dá a isso. Não é uma linha reta que une dois pontos. É uma abertura de infinitas possibilidades que podem se tornar reais. Quando entendemos isso, fica mais simples pensar sistemicamente e, desta forma, tomar consciência do que acontece conosco e com a nossa família e fazer ajustes.

E ajustes nada mais são do que formas de posicionarmos as coisas nos lugares certos. Como percebemos os problemas? Sabe quando você está num restaurante ou bar e a mesa está bamba? Parece que ali tem um buraco no chão. O que fazemos? Colocamos uma tampa de refrigerante ou papel no pé da mesa para ela ficar firme.

A mesma coisa é com sua família. Quando está bambeando, existe algum sintoma que nos faz perceber isso. E não é você que vai colocar o calço na família para ela parar de balançar, e sim a vida que coloca o calço como uma compensação. Por exemplo: sabe quando vem uma doença numa pessoa ou um problema específico e ela passa a enxergar a vida de uma outra maneira? Esta é uma maneira da vida colocar o tal calço na mesa.

Só que melhor do que esperar isso tudo acontecer para consertar o que está bambo é consertar o desnível do chão para que não bambeie mais.

Como? Através dos ajustes sistêmicos.

Entende a diferença? Quando não temos consciência, podemos dar um jeitinho para fazer de conta que nosso problema parou de existir, mesmo sabendo que ele continua ali. Porém, se olharmos para aquela questão e vermos como aquilo foi, entendemos com o coração o que se passou e realizar o ajuste, aí que dizemos que o problema se dilui e deixa de existir e o Milagre da Aliança na família acontece.

Isso é tomar a consciência e olhar para o que precisa ser olhado.

Outra coisa que quero lhe dizer é que o conflito pode nos ajudar a seguir. Ele abre possibilidades de sairmos da dor, do desconforto e nos faz prosperarmos em desenvolvimento.

Muitos de nós temos a mania de deixar os conflitos pra lá, dizendo que são uma grande bobagem. Precisamos olhar para eles para que possamos crescer.

A ampliação da consciência por si só já traz uma correção. E este livro tem o objetivo de abrir possibilidades para você ampliar a sua consciência. Certa vez, durante uma corrida de táxi, um motorista disse que sentia falta das minhas palavras na rádio. Ele dizia que as minhas palavras transformavam a vida dele. E eu, que não imaginava que pílulas de um minuto pudessem fazer a diferença na vida de alguém, pude perceber como as palavras são poderosas.

Um minuto num ajuste sistêmico num programa de rádio. Uma palavra dentro de um livro de cabeceira. Tudo pode ser ferramenta de autocura.

Quando digo que você pode fazer uso destas ferramentas, digo que elas podem ser úteis para o seu coração. Não é conexão quando acontece apenas com a mente.

Você já sabe o que são conflitos, o que é sobreposição, quais são as leis sistêmicas e como os ajustes sistêmicos podem auxiliá-lo a desfazer os nós desses emaranhados.

Só que alguns conflitos são tão comuns que as pessoas acreditam que isso faça parte da vida.

Você já deve ter percebido, se é que já não ocorreu com você, uma desavença com a sogra que acabou virando um monstro dentro da sua relação. Ou até mesmo antes de começar a relação, a sua mania de chamar os relacionamentos fracassados de "dedo podre", como se existisse uma justificativa que fizesse você escolher os parceiros de determinada maneira.

Se você é homem, também pode estar cansado de nunca encontrar o relacionamento. Existem dezenas de conflitos que são considerados comuns, mas que não são normais na nossa vida. Sejam eles antes, durante ou depois de começarmos a nos relacionar e formarmos uma família.

Como este livro destina-se a ser um livro de cabeceira para as famílias, vou discorrer sobre todos os assuntos relacionados à dinâmica familiar. Mesmo antes da saga de encontrar o parceiro ou a parceira.

No relacionamento de casal, não consideramos pessoas como boas ou ruins, culpadas ou inocentes, justas ou pecadoras. O que faz com que consideremos relacionamentos bons e/ou ruins: relacionamentos que nos enriquecem e relacionamentos que nos empobrecem. Consideramos também que os relacionamentos podem nos proporcionar viver a felicidade, bem como podem nos trazer a infelicidade. E você pode perceber que, para muitos, o casamento é como viver num inferno.

Um livro de cabeceira da família que fala de constelação, mas também sobre física quântica e psicologia positiva, que nos permite fazer esta mudança. A partir do pensamento, eu faço ações positivas e ajusto o que vou fazer.

Desta forma você exerce o seu livre-arbítrio. Se você identifica coisas no seu parceiro e acha que são um problema dele e não seu, uma forma madura e humana de não terceirizar a responsabilidade é não ficar no "achômetro". Proponha que os dois comecem a olhar para as questões.

Quem melhor do que cada um para se sintonizar dentro deste universo?

O que nesta relação com seu parceiro ou parceira causa mal-estar?

De qualquer forma, um relacionamento pode mudar em ressonância às suas mudanças. Mudar algo em si fará naturalmente que você seja percebido/a de outra forma e isso vai modificar a estrutura do seu relacionamento.

Quando algo muda dentro de você, o outro imediatamente para e presta atenção no que é. Quando ele o faz, segue acompanhando isso. Isso é sistêmico. Isso é campo mórfico. E só o fato de ler este livro e tomar consciência disso já pode te auxiliar a mudar a maneira como se relaciona.

Somos capazes de mudar tudo dentro da nossa realidade mudando a nós mesmos. Muitas vezes um ajuste que você faz aqui, pode reverberar de imediato lá na sua casa, mas para você demora mais tempo ou também de pronto trazer uma abertura de soluções imediatas.

Antes de começar a falar sobre os conflitos mais comuns dentro das relações, quero que te convidar a fazer uma lista dos conflitos que enfrenta hoje para que possa fazer ajustes e acompanhar as transformações ocorridas dentro de sua família.

Quais conflitos enfrento hoje?

Os excluídos devem ser incluídos

Ordem, honra e respeito: são leis sistêmicas que, quando as desobedecemos, causam desequilíbrios no sistema. Sabemos que da mesma forma que temos um DNA, temos conosco a memória dos nossos ancestrais. E eles interferem na nossa vida atual.

De forma prática, quando utilizamos a Constelação Familiar, falamos de uma situação específica em que diante de um constelador a pessoa apresenta um problema que deseja resolver no âmbito pessoal ou profissional. Forma-se um círculo e algumas pessoas são escolhidas para representar os membros da família daquele que apresentou o problema.

Mesmo sem conhecer tais pessoas, aquelas que foram escolhidas imediatamente "sentem" o campo de quem estão representando. Um exemplo: Uma mulher tem um problema familiar relacionado à herança da família e quer entender porque existe um impedimento agindo para que não chegue uma solução ao conflito familiar que se estende por anos.

Já trabalhei como Consteladora de casos parecidos inúmeras vezes e embora o intuito deste livro não seja explicar como se dá a Constelação Familiar em grupo ou ensinar profissionais a serem consteladores para trabalharem, trarei este breve relato para que você entenda como "funciona" uma Constelação.

Diante do problema trazido pelo constelante, convidamos os representantes a entrarem no campo mórfico. Sem saber características, ou como agem, ou mesmo qual elemento do sistema representam. Alguns se afastam, outros choram, outros reagem de maneiras distintas.

Mas, voltando à demanda específica da qual falávamos, o caso é herança de família e coloquei um representante para cada elemento que compunha aquela situação, no caso específico: representante para os filhos, para o pai falecido e para o impedimento.

Através dos movimentos que se apresentaram pelos representantes foi possível perceber várias coisas.

Quem nunca presenciou uma Constelação, e a vê pela primeira vez, fica surpreso ao notar que muitas vezes sem saber o papel que está representando, o representante de um morto sente vontade de se deitar no chão. Já o representante do filho deste falecido sente o ímpeto de chorar, mesmo sem saber quem representa.

A mulher que trouxe a demanda para ser constelada assistia aos movimentos da Constelação através dos representantes e percebeu o que estava acontecendo. De fato, ela tomou consciência de que a mãe tinha como princípio não se desfazer dos bens para a segurança dos filhos, e na atualidade aquilo que servia como segurança estava bloqueando a venda dos bens, impedindo que a herança fosse distribuída.

Isso acontece porque a energia atua em diferentes campos e mesmo que as pessoas reais estejam apenas sendo representadas, consegue-se, através da energia do campo, por ressonância mórfica, ter contato com as informações e abrir possibilidades de promover transformações.

O resultado de uma constelação é sempre tido como "inacreditável". Os relatos chegam da seguinte forma: "Parece que um nó se desfez e tudo mudou". Ou: "Os impedimentos que existiam não existem mais".

Algo surpreendente é que os representantes e espectadores são contemplados com tantos benefícios quanto os constelados.

As constelações familiares são a oportunidade de enriquecermos as experiências de vida e relacionamento num plano mais profundo. A simples experiência do campo de energia nos permite adquirir competências relacionais e habilidades para viver bem o dia a dia.

Pessoas que trazem os problemas geralmente trazem histórias que contaram desde sempre sobre suas famílias.

Características do pai, da mãe ou de pessoas que consideram boas ou más em suas famílias. Estão habituadas a reproduzir as mesmas histórias centenas de vezes e o que a Constelação faz é libertar os clientes de paradigmas.

Desta forma, todos descobrem as leis que governam o campo de energia familiar e experienciam a maneira como ocorreram situações específicas, comportamentos ou ações.

É importante lembrar que a Constelação toca todos os membros de uma família e não somente a pessoa que a montou. Isso acontece porque o campo de energia se modifica. A qualidade de vida dos envolvidos para pôr uma melhora que reverbera para toda a família.

Os representantes também sentem os benefícios porque adotam sentimentos profundos da pessoa que representam, sentindo incontáveis emoções. Deixam que as emoções os toquem e experimentam a dor daqueles que representam. Esse é um lugar sagrado.

Após a Constelação, a pessoa que trouxe o problema a ser trabalhado consegue enxergar os vários ângulos das questões. Assim que "enxerga" o padrão de comportamento, pode tomar consciência de onde ele veio e libertar-se de determinado problema.

Existem casos de Constelações que sanam em minutos problemas que se arrastam longamente durante anos.

Já presenciei o caso de um pai que lutava há mais de dez anos pela guarda da filha e após participar da Constelação, apresentando seu problema, percebeu que a dinâmica na verdade era entre ele e a primeira esposa. Magoado com a separação, ele tentava feri-la de todas as formas e inconscientemente queria tirar a filha da mãe para puni-la.

É curioso que quando abrimos uma constelação, vemos padrões de comportamento que se repetem dos pais, avós e outros antepassados que nem poderíamos supor que estivessem interferindo diretamente nas questões.

Por isso, a Constelação Familiar é por alguns conhecida como "terapia do amor". Amor que temos por nós mesmos e pelo outro. Esse mesmo tipo de trabalho sistêmico pode ser realizado através de recursos como bonecos, pedras, âncoras de solo, que representam pessoas, coisas, lugares num contexto individual presencial ou à distância.

Você pode estar se perguntando, "Mas de que forma posso resolver os conflitos na minha casa apenas lendo este livro sem participar de uma constelação?"

Ao tomar consciência de como nascem os conflitos, a partir da transgressão das leis, você pode reconhecer quais ajustes estão ao seu alcance para serem realizados. E, possivelmente, algumas histórias contadas ao longo do livro, podem te sensibilizar para buscar ajuda. De toda forma, os ajustes sistêmicos são palavras que nos libertam. É isso que dizemos na constelação sistêmica: os problemas não se resolvem, se dissolvem.

Neste livro, comento sobre a fome que meus ancestrais passaram! Eu não sabia do ocorrido, mas agia como se precisasse estocar comida. Esta realidade se mostrou após verificar em uma constelação, com representantes da minha família, que aquilo havia acontecido com eles. Conheço uma moça que apresentava um comportamento estranho na vida sexual. Seus pais estavam preocupados com aquele abuso e até ela mesma queixava-se com as amigas daquela falta de controle.

Quando vimos o histórico familiar através da constelação, percebemos que uma ancestral materna da moça, durante a constelação, sempre buscava ficar perto, conectada com essa moça, percebemos que esta ancestral havia sido excluída da família, fizemos os ajuste com as frases "você pertence, seja lá o que tenha acontecido, você faz parte e eu te vejo".

Depois deste episódio, a moça procurou sua mãe para saber quem havia sido excluída na família e sua mãe lhe conta baixinho que há um segredo deixado lá na Europa, que quando a guerra acabou, uma das parentes foi deixada para trás, pois, tinham vergonha dela, porque teve que se prostituir para alimentar a família. Ela não partiu junto com os demais para o Brasil, ficou lá. E aqui vemos que a família materna se esqueceu que, durante os tempos difíceis da guerra, era ela quem trazia o sustento pra toda a família, inclusive foi o dinheiro dela que possibilitou a saída da família para buscar novos horizontes. Por isso, aquela moça trazia à tona desejos sexuais fora da sua normalidade.

Esse conflito permitiu à família incluir e agradecer a ancestral, separar o que estava misturado, colocar cada qual no seu contexto.

É importante que você saiba disso: quando um membro do sistema é excluído deste sistema, algum familiar reproduzirá o mesmo comportamento, lembrando a família de que aquele que foi excluído existiu.

Lembra que falamos do filme *A vida é uma festa*, no qual o menino tem gosto pela música, assim como o tataravô que fora excluído da família?

Essa é a ancestralidade da qual falamos. Se em sua família existiu um ente que foi excluído por algum motivo, seja ele qual for, provavelmente a história se repetirá.

Mas, Sonia, até quando isso vai se repetir? É uma sina familiar? Um castigo?

Nada disso. Isso se repetirá até que o Milagre da Aliança na família seja realizado, quando um dos membros da família tomar consciência e, assim, a consciência familiar se abrir para reconhecer a pessoa que foi excluída. Quando tomamos consciência da exclusão, a situação se desfaz, porque na consciência familiar ela volta a ocupar o seu lugar.

Ao incluir a ancestral, a moça a honrou, posicionou e deixou de ocupar o lugar da ancestral excluída e permitiu que ela fosse reintegrada ao sistema familiar.

Se você vir algum familiar reproduzindo as mesmas características de um ancestral que foi excluído, pode com respeito dizer as seguintes palavras:

"Não preciso ter estas características para que nossa família se lembre de você. Você faz parte. Tenho agora você num bom lugar dentro do meu coração."

Outro caso de exclusão frequente que acarreta o que as mulheres chamam de "dedo podre", é facilmente diagnosticado e corrigido quando percebemos a origem.

Uma mulher me diz que tem o dedinho podre, que sempre escolhe os homens "errados". Ela diz que quer arrumar uma pessoa e até inicia o relacionamento, mas logo percebe que não é a pessoa certa e usa constantemente a expressão "tenho o dedo podre". Inclusive ela nos conta que já trabalhou sua autoestima e fez tudo que foi recomendado.

Porém, eu lhe digo que pode ter faltado algo pra fazer! Algo para ser feito? Sim. Esta mulher precisa ser posicionada dentro da ordem hierárquica dela. A síndrome do dedo podre acontece quando se está desequilibrado consigo mesmo e geralmente ela oscila entre ser muito cúmplice da mãe ou ter uma rivalidade com a mãe. Por ter uma sobreposição de contexto com uma mulher anterior de seu pai.

É mais comum do que se pode imaginar. O pai dessa mulher teve uma relação significativa antes de se casar com sua mãe e descartou a mulher anterior para se casar. A filha, por lealdade invisível ao sistema, traz uma parte do pai que precisa ser honrada, que é a da mulher anterior de seu pai.

Neste lugar, ela sempre escolhe homens que a decepcionam e a descartam, como aconteceu com essa mulher anterior. Embora esta mulher não pertença à família, ela faz parte do sistema do pai, principalmente se foi excluída.

Tem cura para o dedo podre? É algo que cortamos fora? Não, trata-se de um pequeno ajuste. Essa mulher que tem o dedinho podre deve olhar para os pais e imaginá-los atrás de si da seguinte forma:

O pai atrás no lado do ombro direito. A mãe atrás no lado do ombro esquerdo. Este ajuste não precisa ser feito com os pais presentes. Basta fazê-lo com respeito, mesmo que já não estejam vivos, você deve IMAGINAR que seus pais estão ali. Então, deve virar-se para o pai e dizer:

"Pai, por amor a você, eu tenho tentado corrigir algo que não me cabe. O que foi considerado podre, não é podre. É um amor que chegou ao limite e o relacionamento de vocês parou ali, dando lugar para minha mãe entrar."

Logo em seguida, virar-se para a mãe e dizer:

"Sinto muito, não é minha história. Não sou ela e nem filha dela, eu aproveito para agradecer essa mulher que, saindo, deu lugar para você entrar e *assim eu pude nascer.* Sou apenas sua filha com meu pai."

Após estes dois ajustes, vire-se para frente e diga:

"Meu dedo é perfeito. Meu dedo é muito poderoso. Meu dedo é conectado à ponta do meu coração. Dedo perfeito para encontrar meu grande amor."

Parece mágico que isso vá mudar a sua história, mas você olhou para trás, respeitou a **hierarquia**, colocou a pessoa na **Lei do Pertencimento, equilibrou** o que estava em desequilíbrio, **incluiu** uma pessoa que estava sendo considerada como podre. Fazendo tudo isso de uma maneira amorosa, **separou o que estava misturado**, numa sobreposição de contexto com esta pessoa do passado de seu pai.

Pode parecer algo simples, mas é complexo honrar o que foi desonrado, separar o que foi misturado, deixar ir o que precisa ir e incluir o que foi excluído, unir o que for separado.

Assim também foi feito quando honro a vida do meu avô ou a moça honra sua ancestral e a inclui no sistema.

Ajustar sistemicamente é **colocar amorosamente em ordem e reequilibrar o sistema**. O emaranhado é um equilíbrio doente. É o calço que a gente bota na mesa capengando.

O ajuste certo é colocar a mesa num plano certo. E o ajuste sistêmico? Tirar do emaranhado e fazer o ajuste certo.

O que é o ajuste certo?

É a soberania do amor: onde tem uma ordem, todos têm seu lugar e na justa medida.

É incluir o que foi excluído.

É separar o que foi misturado.

É unir o que foi separado.

É deixar ir o que precisa ir.

Honrar o que precisa ser honrado.

No caso do dedinho podre, a pessoa separou o que está misturado, honrou o que precisa ser honrado. "Você fez parte e foi um amor de meu pai". Quando diz que *foi* o amor e chegou ao fim, aqui você está reconhecendo o que foi.

Então, você pode dizer: "eu não vou mais ficar com o dedo podre". Porque quando você repete em alto e bom som para seu coração, a sua memória familiar abre a consciência de que seu pai tem o direito de considerar o que não era bom para ele. E o ajuste se faz, como se reprogramando um sistema de computador familiar.

A Lei do Pertencimento refere-se ao fato de que todos aqueles que fazem parte de um sistema (como o familiar) têm o mesmo direito de pertencer. Dessa forma, deve ser reconhecido o lugar de todos, sem exclusão por quaisquer razões, como por exemplo uma briga ou por motivos de preconceito dentro da família. Caso algum membro do sistema seja ignorado ou excluído, podem ser criadas por umas outras lealdades "visíveis" ou "invisíveis/ocultas" como forma de compensação sistêmica.

Se a gente burlar alguns princípios, a consequência pode ser grande. Hoje vemos casais em conflitos intermináveis que precisam ajustar pequenas coisas dentro das Leis correspondentes para obter resultados na harmonia. As Leis da Ordem, do Pertencimento e do Equilíbrio regem as estruturas familiares e podemos transgredi-las de várias formas, causando traumas, conflitos, dores, tragédias e uma sucessão de sofrimentos que poderiam ser facilmente evitados, caso tivéssemos consciência.

Em qualquer relacionamento novo devemos honrar os relacionamentos anteriores. Apenas honrar estes relacionamentos anteriores, já dá abertura para seguirmos em frente.

Estamos assim porque tivemos nossos conflitos.

Os conflitos são bons, mas precisam ser olhados e ajustados.

Eu preciso olhar o outro tal qual ele é. Entrando no princípio zero. Ele é o que é.

O que este parceiro está me demandando? O que é especial para ele?

Eu criei as expectativas de você do que você não é. E colocar lente cor-de-rosa no início da relação é comum nesta fase do enamoramento. No momento do encantamento é justamente a lente cor-de-rosa que faz você ver no outro tudo de lindo, tudo bom. Na época da conquista, um mostra ao outro tudo que é maravilhoso, porém, só funciona por tempo limitado e a lente tem prazo de validade.

Precisamos entender que para o início de uma relação dar certo, é necessário que ambos sejam inteiros. Não adianta duas metades se relacionarem. Como eu falo: uma relação sadia só acontece se duas pessoas estão inteiras. Quem está pela metade se expressa pela metade e vê o outro pela metade.

Algumas mulheres dizem que o grande problema é que muitos dos homens têm a síndrome do "filhinho da mamãe". Aqueles homens que não ficam com mulher alguma ou sempre ajustam as mulheres na intenção da mamãe.

Os filhinhos da mamãe têm dificuldade de encontrar uma mulher porque sempre estão buscando a própria mãe. Se você encontra um filhinho da mamãe precisa estabelecer os limites. O filhinho da mamãe precisa de mulheres fortes, acolhedoras, que exerçam uma parte de maternagem de cuidadora, mas que exijam seu espaço.

O que pode fazer um homem ser o filhinho da mamãe? Porque muitas vezes a mãe tinha sentimentos de inocência e culpa com o pai e cresceu; ao ter o filho, este passa a ocupar o lugar de afeto da mãe e não consegue deixá-la e assumir sua identidade de homem, permanecendo como seu filhinho.

Então uma mulher que olha para seu relacionamento e percebe que está casada com um filhinho da mamãe se pergunta: "Por que me casei?"

Esta mulher entrou no lugar da mãe dela e vem de uma família matriarcal. De mulheres que têm que ser fortes. Mulher que tem que ser forte, muitas vezes, acaba escolhendo um filhinho da mamãe para cuidar.

Tudo vem de uma memória.

O dedo podre e um filhinho da mamãe são parte de muitas histórias de relacionamento que podem ser ajustados.

Compreenda, aceitar como, render-se ao que é, isso não quer dizer se submeter cegamente às condições, e sim entender que o passado não pode ser alterado e que foi a única forma possível de a vida ter seguido adiante. Em ambos os casos.

Esta decisão nos liberta do aprisionamento do emaranhamento e nos permite **sair da inocência e crescer de forma responsável.**

Você se viu em alguns dos papéis relatados neste capítulo?

Existe alguém em seu núcleo familiar que foi excluído? Em caso positivo, tente fazer um ajuste sistêmico.

Você honra seus pais e a história de cada um?

Como se deu a escolha do seu parceiro/a? Você seguiu um padrão familiar?

Você estava inteiro/a quando começou a sua relação?

10

o combinado não sai caro

Nos **cinco círculos do amor**, conto o quanto é importante entrar numa relação completo, sem esperar que o outro complete a parte que te falta. No entanto, muitas vezes é difícil que duas pessoas aprendam a viver e conviver dentro de um novo modelo.

Por isso, **acordos precisam ser respeitados**. Como diziam nossos avós, "o combinado não sai caro" e essa é uma das máximas que torna as relações possíveis. Precisamos aprender a fazer acordos como pessoas adultas e não como crianças que querem atenção incondicional e fazem birra quando não têm o que desejam.

O casamento tem o lado do amor, do sexo, mas devemos saber de cara o que cada parte doa de si e como cada um dos cônjuges age. É aquela velha história: se você tem uma empresa, não pode contratar alguém para digitar e pedir que a pessoa lave o banheiro. Além de não ser a especialidade dela, ela não foi contratada para isso. Salvo haja um novo combinado.

Num combinado de casamento, devemos considerar as habilidades, forças e fraquezas de cada um. O que cada um tem a somar na relação e não diminuir. Só que o que acontece na maioria dos lares? As pessoas não veem os pontos para somar e normalmente veem o que podem diminuir no outro.

O pensamento sistêmico nos ensina a olhar ampliado desde os pequenos progressos, a entender que o casal vem antes dos filhos e que também é necessário o equilíbrio entre dar e receber.

É comum vermos brigas entre casais quando não existe esse equilíbrio entre dar e receber, ou quando não existe uma sintonia entre o casal. Muitas mulheres querem viver a vida de maneira diferente da que suas mães viveram, mas sentem-se presas à realidade da mãe sentindo como obrigação, delas cuidar da casa. Desta forma, sobrecarregam-se sem entender, porque pegam todas as demandas para si próprias, sem combinar com o parceiro o que fica a cargo de quem ou se vão contratar alguém para o serviço doméstico.

Se um ganha e trabalha, o outro pode cozinhar e lavar a roupa. Isso independe de gênero. Essa matemática familiar é sobre a qualidade da troca.

Quando começamos a nos relacionar, deveríamos exercitar enxergar com os olhos do outro. Não podemos ver apenas com a lente cor-de-rosa.

O grande médico, psicólogo e filósofo Jacob Levy Moreno falava muito sobre as relações télicas, isto é, relações que se caracterizam pela percepção real e mútua dos participantes. Segundo ele, "tele" é o cimento que mantém os grupos unidos e estimula parcerias estáveis e relações permanentes.

Moreno, o criador do psicodrama, defende que existe uma grande diferença entre tele e empatia. A empatia é a capacidade de se colocar no lugar do outro, enquanto a tele é a empatia correndo em duas direções. Ou seja: o indivíduo percebe e é percebido de maneira objetiva pelo outro.

Assim sendo, a tele é considerada como um critério de saúde mental das relações interpessoais. Como Moreno sempre considerou primordial não perder de vista a ideia de que o homem é um ser social, nada mais natural e esperado do que avaliar o grau de saúde mental a partir do modo como o indivíduo interage socialmente.

Moreno escreveu um poema denominado "Convite ao encontro" em 1914, que retrata de maneira muito apropriada o conceito de tele:

> "Um encontro de dois: olhos nos olhos, face a face.
> E quando estiveres perto, eu arrancarei seus olhos
> E os colocarei no lugar dos meus
> E você arrancará meus olhos
> E os colocará em lugar dos teus,
> Então, eu olharei para você com os teus olhos
> e você me olhará com os meus (...)"

Neste poema, Moreno descreve um encontro em que cada um dos participantes é capaz de se colocar no lugar do outro, de enxergar o que o outro está enxergando, de captar como o outro está se sentindo, enfim, de se relacionar com o outro percebendo efetivamente quem é esse outro. O que Moreno propõe é uma relação plena entre duas pessoas. Isso nada mais é do que uma descrição vívida do conceito de tele. É como sentir, pensar e agir como o outro.

O casamento, quando bem vivido, é fonte de prosperidade. Logo que formamos um casal, amplia-se a relação, mais amigos, maior rede relacional, mais possibilidade de ganhos financeiros, e nasce uma criança que permite que a relação crie uma terceira pessoa.

A vida começa através da prosperidade no útero materno. Nunca se faz um filho sozinho. Você precisa do outro. Para semear, é necessário o ato compartilhado. A vida é um ato prosperidade.

Muitas mães não têm nutrientes suficientes para o bebê e ficam com cárie durante a gestação para fornecer o cálcio para o filho. São atos de amor de que não nos damos conta. Se você reclama que sua mãe não lhe deu nada e cobra por essa ou aquela coisa que ela deixou de fazer, pense duas vezes. Será mesmo que não? Também já ouvi: "não conheci minha mãe, não me alimentou!". Então, você não nadou, mamou no líquido amniótico do ventre materno?

As mães tiram do próprio corpo para dar aos filhos. Elas são como os passarinhos que tiram da boca para dar aos filhotes.

Muitos percebem que quanto mais a relação entre pais e filho é forte, mais diminui a intimidade entre o casal. No entanto, este casal deve perceber que ele ganha em amplitude.

O grande equívoco dos casais é não perceber que, na hierarquia familiar, eles vieram antes dos filhos e, por isso, deve existir um equilíbrio entre o dar e o receber.

Quando nos relacionamos e olhamos o outro com os olhos com que ele vê o mundo, conseguimos nos colocar no lugar dele e entender que, por exemplo, uma mãe recém-parida jamais vai conseguir dar a mesma atenção a todos na casa. Naquele momento, depois de muito dar durante a gestação, ela está recebendo. Ela recebe amor, acolhimento e dedica tempo e carinho para nutrir o bebê que precisa de cuidados naquele momento. Da mesma forma, também o pai se dedica para a mãe ficar bem e o bebê ser bem cuidado.

Os dois, que são a raiz daquela árvore, devem estar conscientes do papel de cada um.

Certos acordos só são possíveis quando temos a generosidade de olhar o outro com os olhos dele. Isso inclui não olhar apenas com a lente cor-de-rosa do começo do namoro.

Antes da chegada do bebê, o universo do casal era uma festa de intimidades. Afinal, só existiam vocês dois. Agora existe mais um convidado que merece toda a atenção. No início, a mãe naturalmente dará esta atenção de maneira incondicional. Este convidado precisa de atenção e vai ficar um bom tempo sob os cuidados do casal que, se não acertar as novas regras de convivência, pode acabar entrando em crise por desequilíbrio entre dar e receber e na hierarquia familiar.

Lembra das Leis da Constelação? Pois é: neste momento há de se ter muito cuidado para entender a medida desses cuidados, já que a relação entre pais e filhos ninguém poderá substituir.

Quem é mãe e não tem o parceiro sabe do que falo: não se consegue ser mãe e pai ao mesmo tempo. O papel do pai é específico e importante. Eu, que me separei do primeiro marido quando o meu filho tinha apenas seis anos, que passei pelo processo de fertilização da Bibiana e adotei as gêmeas sem ter um marido, sei bem do que estou falando desse "pãe".

A mãe é capaz de dar o aconchego, mas o pai dá o mundo. O pai dá o progresso e o caminho para seguir. A mãe é a terra, que dá sustentação.

Basta olhar um casal com um filho pequeno no parque, enquanto a criança corre solta a mãe se coloca em prontidão, querendo proteger sua cria, já o pai fica olhando, sorrindo e muitas vezes é comum ouvirmos dele " deixa o menino, ele precisa cair e aprender se levantar" diante do olhar atônito da mãe.

Um ajuste sistêmico quando se percebe o desequilíbrio entre o dar e o receber do casal que se torna pai e mãe é agradecer ao parceiro pela oportunidade de progresso e saudar o outro porque juntos conseguiram pegar a abundância que está disponível no Universo. É que, naquele ato de amor, onde esperma e o óvulo se juntaram, houve um resultado, que foi uma fecundação.

Quando você faz isso, cria condição para dar o passo seguinte porque nessa junção existe um novo sistema.

Por isso, basicamente, a prosperidade está ligada a pai e mãe, já a abundância está ligada ao contexto maior.

Abundância é tudo aquilo que está no Universo. Se passamos por uma seca, mas chove um pouco, tudo floresce. A abundância está em se conectar com sua inteireza e sua história ancestral e força de origem de pai e mãe e buscar o que tem no Universo.

É pegar o recurso que está disponível e utilizar. Por isso, você pode perceber, nos círculos do amor, como é importante tomar os pais e o que isso significa. Seja como filho, seja como pai ou mãe, é necessário entender que essa continuidade é a prosperidade e pode ser vista como uma consequência de um ato de amor universal onde houve uma fecundação.

Quando existem brigas entre o casal, o filho deve perceber que a briga é entre *o casal*. Não entre o pai e a mãe. Não cabe ao filho julgar ou tomar partido de um dos dois, tornando-se cúmplice.

Os filhos e os novos acordos

Pela visão sistêmica, sabemos que o homem cuida da mulher. Mas calma lá: cuidar não é prover de dinheiro. Dizemos "cuidar" porque a lógica do pensamento do homem pode ser mais estruturada para o sentido da segurança.

A mulher, por sua vez, no pensamento sistêmico, segue o homem. Ela segue esse comando porque tem segurança nesse comando.

Quando nascem os filhos, cada um deve ter claro quem é o pai e quem é a mãe. Esses acordos fazem bem para a condução da criança. No entanto, se for muito enrijecido, de tal forma que um lide apenas com algumas questões sem se envolver em outras, começa uma briga invisível.

O que é uma briga invisível? Você já deve ter percebido as guerras que não são expressas e ficam ali, no ar, esperando uma explosão.

Normalmente, a maternagem é longa e é esperado que a mulher dê conta sozinha desse período da criança. Porém, esse também deve ser um período compartilhado. Mas em muitos casos, quando a mulher assume esse papel de cuidadora e não divide os cuidados, o filho não vira um ato de amor. Ele vira um fardo.

Talvez você já tenha visto pais brigando porque um buscou na escola, porque fez isso para o filho ou aquilo mais. Discussões colocando as obrigações relacionadas às crianças como um fardo a ser cumprido e não um ato de amor. É aí que, um começa a jogar o fardo da obrigação para cima do outro.

Nesse jogo, a criança sente-se culpada. Ela inconscientemente leva as culpas e se acha responsável pela falência do casamento dos pais. Muitas vezes a raiva da mulher que cobra do marido por ele não ter executado determinada tarefa faz com que a criança crie uma cumplicidade com a mãe. Logo, cria-se um conflito, porque a criança ouve a mãe falando mal do pai e vice-versa, quando os papéis de pai e mãe precisam ser preservados.

Os combinados quando nascem o filho devem ser vistos e revistos. Se um dos dois é quem busca a criança na escola, não pode existir uma blindagem que impeça o outro de buscar na escola, e é importante avisar "peguei, vou pegar". Deve-se imaginar as relações com a qualidade que são devidas.

É comum que após o nascimento da criança os pais diminuam a intensidade do sexo e a sexualidade. Mas para que haja uma relação de casal, é importante olhar para a parte sexual e perceber que ela precisa ser mantida, pois adultos fazem sexo e têm necessidades sociais.

Se o casal já não faz sexo, joga as obrigações relacionadas aos filhos um para o outro como um fardo, e ainda falam mal um do outro, começa a tal alienação parental, que pode ter sérias consequências para o futuro dos filhos.

Sistemicamente, os filhos precisam do amor de ambos os pais. Eles precisam do vínculo e da conexão com os genitores. Mesmo que o casal esteja separado, é importante reconhecer que o pai ou mãe da criança desempenham seu papel como podem e entender que aquele pai ou aquela mãe é o que aquele filho tem e este filho deve honrar esse pai ou essa mãe que lhe deu a vida.

Outro emaranhado comum, quando um casal está em conflito ou não dá amor aos filhos, é que o filho acaba não se sentindo amado e buscando amor em outro adulto. Esse é um grande perigo, porque a criança fica fixada na pessoa sem saber o porquê.

É comum essas crianças fixarem-se nos cuidadores, nos professores e transferir esse amor que não sentem dos pais. E é importante que os pais tenham consciência de que a falta desse amor pode levar as crianças a sérias consequências.

Uma delas, a mais comum, é que os adolescentes quando se sentem rejeitados por um parceiro amoroso, podem tender ao suicídio, porque entre outros fatores, sentem-se duplamente rejeitados.

Afeto de pai e mãe só os pais são capazes de dar

O casal precisa ter consciência da lei do dar e do receber e deve ter equilíbrio nessa troca. Outro dia, assisti a uma comédia onde a mulher preparou uma festa de aniversário para a filha e cuidou de todos os detalhes da festa. A única coisa que ela cobrou do marido foi que levasse o bolo de aniversário.

Inconscientemente, ela conhece o limite do cônjuge e coloca para ele a função mais fácil. No entanto, ele só chega no final da festa, com o bolo, e ela não se conforma em vê-lo apenas quando a festa está acabando.

Lembrando que ele chega exatamente na hora dos parabéns e torna-se o herói da filha, porque aquele bolo era tão esperado.

Neste caso, embora ela tenha ficado nervosa com o parceiro, ele respeitou o acordo de levar o bolo. O que aconteceu foi que a expectativa dela era de que ele chegasse antes com o bolo.

O que precisamos aprender é fazer os combinados de maneira madura, sem gerar falsas expectativas. Aquele pai passou no escritório para trabalhar antes de ir para a festa e perdeu a hora. Ela conhecia esse padrão e gerou uma expectativa que não seria correspondida.

Por que os parceiros tendem a gerar tais expectativas que geram tanta frustração?

Quando, na relação, duas pessoas aprendem a conviver dentro de um novo modelo bem estabelecido, o combinado não sai caro, porém, **os acordos devem ser respeitados para que não haja uma guerra sem fim.**

Faça uma autoanálise após ler este capítulo. Responda para si mesmo, a fim de olhar para a sua história com responsabilidade, identificando situações como as que foram descritas ao longo deste capítulo. Reflita se é possível realizar pequenos ajustes sistêmicos nessa(s) situação(ões).

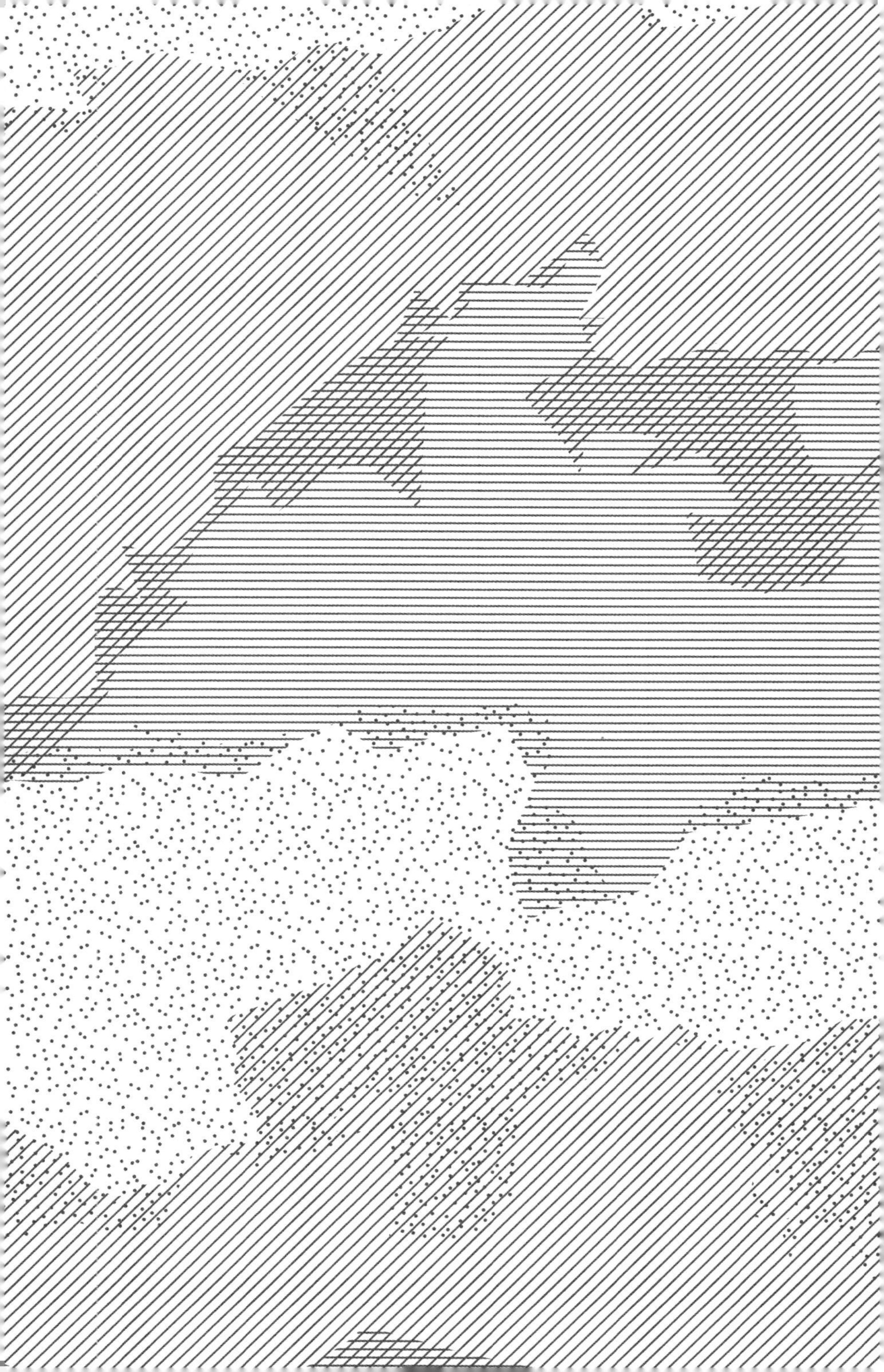

11

ajustes sistêmicos na prática

Até aqui, você teve oportunidades de autodesenvolvimento e de realizar, ao final de cada capítulo, uma atividade de reflexão.

Através da autoanálise, pôde responder para si mesmo, olhar para a sua história com responsabilidade e aprender como se colocar na prática da vida, sem expectativas, medos, intenção, críticas, racionalização, preconceitos e aceitar os fatos e as pessoas simplesmente como são.

Agora, quero ensinar práticas sistêmicas simples e poderosas para que possa realizar consigo mesmo e naturalmente algo que poderá ressoar em todo núcleo familiar. Você poderá efetivamente realizar o Milagre da Aliança na sua família através de ajustes sistêmicos para situações cotidianas, realizar exercícios sistêmicos, usar frases sistêmicas e fazer reflexões com as perguntas sistêmicas, que são intervenções em busca de abrir soluções para você e seu sistema familiar.

Basicamente, as intervenções se resumem em honrar o que foi desonrado; separar o que foi misturado; deixar ir o que precisa ir embora; incluir o que foi excluído; unir o que foi separado.

Importante saber que, caso a questão ou a dificuldade aqui exemplificadas não sejam suas, você pode até sentir muito por seu ente querido, e trabalhar essa "sua dor" em relação ao sofrimento dele. Porém, será ele quem deverá abrir-se para olhar e buscar resolução para o problema em questão. Talvez, uma forma de você contribuir com o outro seja mostrando para ele este livro ou orientando-o a buscar um profissional constelador. Ou, ainda, em relação a você mesmo, a possibilidade de ampliar a consciência pode te levar a ver que o outro tenha sido o escolhido para olhar e curar o sistema, e não você.

As intervenções podem ser usadas sistematicamente por você de forma simples, respeitosa e, principalmente, amorosa. Preciso informá-lo de que este simples conhecimento não o habilita a atuar como profissional Constelador, atendendo a outras pessoas; para isso, é necessário que passe por um curso livre profissionalizante de formação em Constelação Familiar. Essas intervenções fazem parte do método e trazem mudanças instantâneas no campo de energia, portanto, seja amoroso e responsável primeiro consigo mesmo. Quando realizamos as intervenções, que nos servem como ajustes, devemos ser sinceros e respeitosos para que elas alcancem seu sentido mais profundo.

Vou trazer várias situações em que trabalhei e, a partir desses exemplos, abro possibilidades de você realizar os pequenos ajustes nas questões que te cabem ou mesmo se orientar através dessa leitura em uma questão de sua família.

Ajustes sistêmicos para situações cotidianas

Vamos iniciar agradecendo a vida:

> "Gratidão, família, pela vida que veio através de vocês. Sei que pra chegar a mim passou por tempos difíceis, muitas lutas, dores, sofrimentos e também por inúmeros momentos de alegrias, esperança e fé. Eu tomo a minha vida

pelo preço que custou a vocês e me abençoem se posso fazer algo diferente e seguir à frente com sucesso, assim honro cada um de vocês."

Relacionamento afetivo

Antes vale lembrá-lo de que pertencem ao sistema familiar além de pai e mãe e todos seus ancestrais, filhos, tios e primos, todas as relações afetivas anteriores da mãe e todas as relações afetivas anteriores do pai e até eventuais amantes, sejam do pai ou da mãe.

Atendi o filho mais velho de uma família de pais separados, e ele me contou que sua mãe, depois da separação, ficou muito debilitada, e como seu pai quase não aparecia para vê-los, a convivência entre eles ficou distante, até mesmo porque o pai já estava com outros relacionamentos e a ausência do homem dificultou à sua mãe dar conta de criá-los. Foi quando sua mãe pediu ajuda para os pais dela, para cuidar dos netos e, tempos depois, veio a falecer.

Relata que seus avós, embora cuidassem bem deles, não se intimidavam em demonstrar descontentamento com essa situação e algumas vezes expressavam que filhos precisam estar com os pais! E, naquela época, ele pensava que quando crescesse e formasse uma família jamais se separaria e muito menos deixaria os filhos com outras pessoas.

Uma questão para nossa reflexão: emaranhados, no sistema familiar, podem vir dos conflitos em relação a amantes ou antigos parceiros amorosos que deixaram na memória inconsciente do sistema familiar esses sentimentos de raiva, rejeição ou negação. E quando nascem os filhos do atual casamento, estes podem ter relações afetivas para compensar a exclusão, identificando-se com essa raiva, ciúme, inveja ou com a sensação de abandono. A sensação pode ter vindo da parte do pai ou da mãe, e pode ainda ter vindo diretamente do antigo parceiro, de uma amante ou de uma mulher que teve um filho com o pai fora da família, e este não reconheceu nem a parceira nem o outro filho.

Aquele homem estava me procurando justamente porque o contrário de tudo que pensava, quando menino, aconteceu desde que começou se relacionar afetivamente com a mulher, e agora para ele a pior situação aconteceu! Abandonou seus filhos, deixando-os com a mãe da mulher, igual ao que seu pai fizera e ele não entendia porque isso estava acontecendo, se ele sempre jurou que nunca iria fazer isso, justamente por tudo o que ele e seus irmãos sofreram.

Mais reflexão: nas dinâmicas da família, nem sempre aquilo pelo que passamos como criança serve de lição para não reprisarmos a cena! Estranho, não?

Pois, é muitas vezes as crianças ficam vinculadas ao pai e à mãe justamente na dor e, quando crescem, inconscientemente, tentam reproduzir a dor que houve no sistema familiar e, assim, o adulto consequentemente sente-se igual, vivendo uma vida de sofrimento como a mãe viveu, sendo ou fazendo igual a ela, e a criança que foi se conecta com essa mãe e o pai ou até mesmo como os avós. Vivendo exatamente assim, este adulto se sente igual a eles, fazendo a mesma coisa que eles fizeram e, então, sente-se pertencendo ao clã familiar. Ao mesmo tempo, se este adulto quisesse realmente ter uma vida feliz no relacionamento, ele daria à sua criança interna a sensação de "já não faço parte da minha família, estou traindo meu sistema". Por essa questão, alguns adultos precisam inconscientemente reproduzir o que os antepassados fizeram, para sentirem-se pertencendo, e acabam atraindo relacionamentos pouco saudáveis, que estão fadados a não dar certo, ou atraem sucessivas traições para si mesmos ou acabam traindo seu par. Às vezes, acabamos atraindo pessoas que, quando tudo parece estar indo bem, elas simplesmente vão embora, e assim, repetidas vezes, se sentem abandonados como quando crianças se sentiam.

O ajuste que fizemos com este cliente foi o seguinte:

Primeiro, pedi para que se esvaziasse de todo julgamento e se abrisse para ver o que aquela situação nos traz. Ela quer lhe trazer um abandono? Uma raiva? Pergunte-se: esse conflito que está acontecendo é meu? É de quem?

E, principalmente, agora é o adulto que está no comando. Abra-se para entender que a criança o trouxe até aqui, e você, como adulto, pode fazer diferente dos seus pais e avós.

Perceba que, ao olhar para aquela situação que se abriu, ao ser analisada, ela trouxe quietude e paz para seu coração. Então, tudo está em paz.

Através desse exemplo, você pode realizar um bom e pequeno ajuste, se estiver passando por um quadro parecido.

Quando seu coração está em paz, você acaba atraindo naturalmente uma relação tranquila, em que pode desenvolver amor pleno sem ser preciso fazer um esforço fora do normal.

Frustrações

Pode ser que você esteja se perguntando: “mas e as frustrações da vida? O que fazemos com elas? O que fazemos quando as coisas não saem como o esperado?”.

Em primeiro lugar, quero que entenda que a frustração nos leva a duas situações de vida: ao crescimento ou à agressão.

Isso não quer dizer que todo crescimento vem de uma frustração, mas toda agressão vem de frustração. Não existe agressão sem frustração.

A primeira pergunta é: “por que isso me incomoda? Onde me sinto impotente para isso?”.

"O que é frustrar-se?"

É quando você vai fazer algo e sucumbe.

"No que isso me deixa impotente?"

Uma questão para nossa reflexão: a impotência que não vem de mim pode estar vindo do próprio sistema. Portanto, se a frustração foi gerada por um antepassado meu que não conseguiu realizar algo porque naquele momento era difícil, devemos olhar para essa questão particular. A decisão de qual destino dar a sua frustração é sua, tanto de terceirizar responsabilidades quanto de tomar para si a busca por soluções.

Temos um exemplo clássico de dois irmãos. Um era pai e tinha conquistado certo sucesso profissional, enquanto o outro havia cometido um crime e sido preso. Quando foi perguntado a cada um, dentro dos seus respectivos contextos, "O que o senhor atribui ser o maior causador dessa situação?", a resposta do primeiro foi: "Vivi num ambiente miserável, muito frustrante. Então, eu só queria ter sucesso, ter uma família normal, mudar e sair da condição de miserabilidade!". A resposta do outro irmão, que estava no presídio foi: "Vivi num ambiente miserável, muito frustrante, meu pai e minha mãe, quando não estavam brigando, estavam na farra e faltava tudo em casa. Então, eu só podia ser isso mesmo!".

Já vi situações que se mostraram em Constelações em que o avô foi fabuloso e conseguiu fazer uma barragem hidroelétrica pequena com moinho de água. Só que ele precisava de investimento de outras pessoas para aquele projeto crescer. Ele não conseguiu. Então parou toda a construção. Veja só. Aquela sensação de impotência de um antepassado pode gerar uma situação em que um descendente se sinta impotente na sua vida atual.

Um bom ajuste para esse tipo de situação: olhe para trás e repita as palavras, conversando com seus antepassados:

"Realmente era muito difícil, naquela situação, seguir em frente. Eu imagino o quanto o senhor deve ter se sentido impotente e reconheço a sua grandeza. Olhe para mim com benevolência, se hoje posso ser bem-sucedido e eu o honro com meu sucesso."

Sentimento de desvalia

Pai muito rígido, que educou seu filho com muito rigor, oferecendo-lhe pouca aprovação. O filho relata que cresceu tentando sempre ser o melhor, buscando ser validado, porém, no fundo, se sentia inadequado e não validado. Ficava pensando que não era uma pessoa boa, passou a ter dificuldade de expressar-se como um bom parceiro, de ter um relacionamento saudável. Até como amigo se sentia inseguro e apresentava dificuldades como profissional. Mesmo fazendo o melhor, tinha a sensação de que não era bom o suficiente.

Uma questão para nossa reflexão: será que essa forma, esse padrão rígido do pai também não vem do sentimento dele ou da sensação de que ele não era validado, ou mesmo da necessidade de ser aprovado e não se sentia aprovado? Muitas vezes, nós acabamos repetindo o padrão, e isso nos traz infelicidade.

Como podemos trabalhar esta questão?

Se a dor é de reprovação e você sente que não é validado, em primeiro lugar você deve entrar na dor. Qual dor? A dor profunda da rejeição, para que você realmente perceba o quanto que é ruim senti-la, entender o que é seu, mas também o que é deles, do seu pai, da sua mãe, ou dos pais deles, e pode ser que ela venha de quem você nem conhece ou com que nem sequer teve contato com esses ancestrais.

Ao permitir-se mergulhar nesse sentimento, talvez você consiga vivenciar o sentimento que é seu e, ao mesmo tempo, perceber o sentimento que vem do passado, que avançou no tempo buscando acertar e que não é culpa do seu pai por carregar isso e por ter ensinado dessa forma. Este processo vai te libertando dessas situações quando você reconhece que não precisa provar nada a ninguém e não precisa fazer para mostrar para alguém que você é o que é.

Um bom ajuste que pode ser realizado neste caso:

O filho imagina, olhando para o pai ou olhando para um ancestral, e dizendo, com muito respeito e amor: *"eu deixo no passado o que é do passado e seja lá qual foi a situação, foi o jeito certo que deu para ser naquele período. E foi certo, pois do jeito que foi, a vida chegou até a mim. Assim, eu a acolho e dou um bom lugar a ela no meu coração. Por favor, me permitam ser como sou, porque sou bom e livre para me conduzir sabiamente."*

Falo deste tópico para você entender como as emoções vão se repetindo através dos descendentes, caso os antepassados deixem arestas para serem ajustadas até que a questão encontre paz.

Vida profissional

Vida profissional, que envolve questões financeiras, caminhos profissionais, missão de vida. Trago aqui como exemplo a história de minha própria família. Meu pai era um próspero comerciante que, antes dos seus vinte anos de idade, já era muito bem-sucedido: um empreendedor, já havia mandado seu pai para visitar o Japão num navio, viajando de primeira classe. Meu pai era um homem bem relacionado e reconhecido na colônia nipônica e pela sociedade brasileira por seu entusiasmo pelo trabalho e pela maneira de viver a vida. Assim como obteve sucesso financeiro, passou por várias falências, sem, contudo, perder os amigos e a credibilidade. Superou novamente o poder financeiro, porém perdeu a esposa , minha mãe, por morte súbita.

Eu, então, fui buscar um trabalho sistêmico porque, em minha trajetória profissional, também passei por episódios semelhantes aos de meu pai, repetindo o destino de falências e triunfo profissional. Querendo olhar justamente para a identificação com a situação em que, até chegar ao sucesso financeiro, passamos, em momentos diferentes, por dificuldades maiores do que o comum, a luta pela sobrevivência foi grande e, sempre que parecia que a vida financeira ia melhorar, algo acontecia, levando a família a situações de muita escassez novamente, até que os filhos foram crescendo e a vida financeira realmente foi melhorando. Eu compreendia que o sucesso chega depois de muito trabalho, determinação e metas, porém percebi que, na minha família, aquilo ia muito além disso, chegando à escassez e eu queria abrir possibilidades de soluções sistêmicas para cessar esse movimento de queda e escassez.

Meu avô saiu do Japão para tentar uma nova vida no Brasil com a esperança de prosperar para sentir-se próximo da família de sua esposa. Minha avó vinha de classe social elevada e ele não imaginava as inúmeras dificuldades por que passariam desde a adaptação da própria família com o clima, os costumes e os hábitos alimentares muito diferentes, além do próprio idioma e de serem imigrantes pobres.

Uma questão para nossa reflexão: perceba que existe influência daquilo que meu pai fez e o que o pai do meu pai fez; como é comum nas famílias, os filhos tendem a seguir ou às vezes a repetir o destino de seus pais, mesmo quando estão repelindo e fazendo algo totalmente contra. Ainda assim, estão ligados a eles. Neste exemplo de vida profissional, eu, por necessidade de sentir-me pertencendo ao sistema, repeti os episódios financeiros de meu pai, passando por momentos de só termos arroz com ovo para comer. Assim como meu pai também havia repetido o destino do pai dele.

Mais uma questão para nossa reflexão: a parte profissional não estava comprometida, pois nós (avô, pai e eu) nos sentíamos realizados na execução do trabalho, gostávamos de trabalhar. Mas, ainda assim, a questão era a financeira: para quem ou em que o avô estava emaranhado? O que poderia causar dor emocional ao avô para carregar tamanho peso? Seria o peso de deixar, lá no Japão, parte da família de origem, os amigos de infância e a segurança e bem-estar que o pequeno bem material trazia a eles? Ou a decisão da mudança para um lugar distante, que trazia insegurança, iniciariam do zero, mas tinham uma forte ideia de que venceriam? Era justamente essa dinâmica: tempo de emoção e sentimento no Japão e outro tempo de emoção e sentimento no Brasil, oscilar entre a triste esperança de ter e a alegria do sucesso de ser. A falência trazia a lembrança inconsciente da vida no Japão e o sucesso financeiro trazia o propósito da mudança para o Brasil.

O ajuste sistêmico, que foi feito pela minha colega Mailde Tripoli, se realizou assim:

De um lado, colocou-se uma folha de papel no chão, simbolizando o Japão, e do outro lado, outra folha, simbolizando o Brasil, e eu fiquei ao meio.

Foi dito para mim: olhe carinhosamente para a pátria nascente e repita essas frases de ajuste: *"Minha origem vem do Japão, eu sou brasileira, o Brasil é a minha pátria amada e o Japão é nossa pátria nascente. A partir de agora, eu e todos os descendestes desta família podemos viver a vida plena em todas as áreas da vida, incluindo a prosperidade financeira e usufruir da abundância que este país, Brasil, ou outros países nos oferecem. Eu sou grata e digo que nossa prosperidade nos permite visitar o Japão sempre que desejarmos. Somos nipo-brasileiros com muito orgulho e nos sentimos honrados."*

Tempos depois, eu, minha família e outros descendentes orientais, em comemoração ao centenário da imigração japonesa no Brasil, promovemos um grande evento para celebrar e honrar os antepassados em Alagoas, no Centro de Convenções.

Sabemos que, no início, o Brasil foi formado por muitos imigrantes e por uma miscigenação de culturas.

Espero que este relato possa ajudar pessoas que se sentem sem força, sem raiz, divididas e enfraquecidas. Que se for sua questão você possa utilizar esse exemplo e realizar um ajuste: honrar a origem ancestral e fazer um equilíbrio, incluindo a força brasileira, a cultura europeia, a beleza negra, os ritos indígenas ou outras tradições. Oriento que tenha objetos que remetam a sua origem, bandeiras na tela de descanso de seu computador ou celular e amor no coração para poder usufruir de toda a riqueza que este nosso planeta Terra nos oferece.

Desemprego

Por exemplo, temos um rapaz que passa por repetições de demissão em muitos empregos diferentes: qual a solução para essa pessoa que reproduz tal padrão de desemprego?

Uma questão para nossa reflexão: entender o que, sistematicamente, pode estar bloqueando o fluxo profissional. Dentre as possibilidades, uma certamente é que a pessoa saiu do fluxo da vida plena. Felicidade é uma coisa que a gente pode trabalhar e conquistar. Se essa pessoa permanece desempregada, o que isso quer dizer?

Uma das possibilidades é que esteja identificada com algum antepassado. Esse alguém geralmente está na corrente masculina. Pode ser da corrente masculina da mãe ou do pai. Lembrando que quem dá sucesso é a mãe, mas quem dá prosperidade é o pai.

Qual ente está pedindo ou clamando para que você olhe para isso? Pode estar muito perto. Nem sempre é tão distante. Talvez até seja uma questão tão próxima que nem nos damos conta.

Entrar na Lei de Exclusão ou de Honra, quando seu antepassado fez até aquele pedaço e não conseguiu seguir em frente, nem sempre é possível.

Uma possibilidade de ajuste sistêmico poder ser a seguinte:

Lembre-se do Princípio Zero, que trata de esvaziar-se para receber o que é. Reconhecer o que foi dado é perceber o que é, como é. Desta forma, ficamos disponíveis para apreender a essência daquilo que se mostra.

Sugiro que coloque duas folhas de papel no chão, uma de frente para a outra como um recurso que representará você e a outra a uma pessoa do seu vínculo, quer você a conheça ou não.

Coloque os pés em cima da folha que representa você e olhe com respeito para a outra em frente a sua, representando a pessoa. Permitindo acolher o que vier da sua intuição sem julgar. Pode ser que venha uma sensação de angústia. Um estufamento, ou seja lá o que vier. Simplesmente acolha.

E com um tom de respeito, vá dizendo:

"Eu compreendo, não é fácil. Querer continuar e não conseguir. Eu olho para o seu impedimento, que é como o meu. Eu acolho o seu, dando um bom lugar no passado a ele. As coisas foram como foram. Uma coisa é uma coisa, outra coisa é outra coisa. Seja lá o que tenha acontecido. Foi o que era para ser."

Perceba sua respiração, seu corpo e perceba-se como um ser todo leve, sem o peso do passado. Permitindo separar o que estava misturado.

Tive um feedback de um cliente que, depois de passar pelo exercício sistêmico, foi chamado para uma entrevista de emprego e conseguiu permanecer trabalhando.

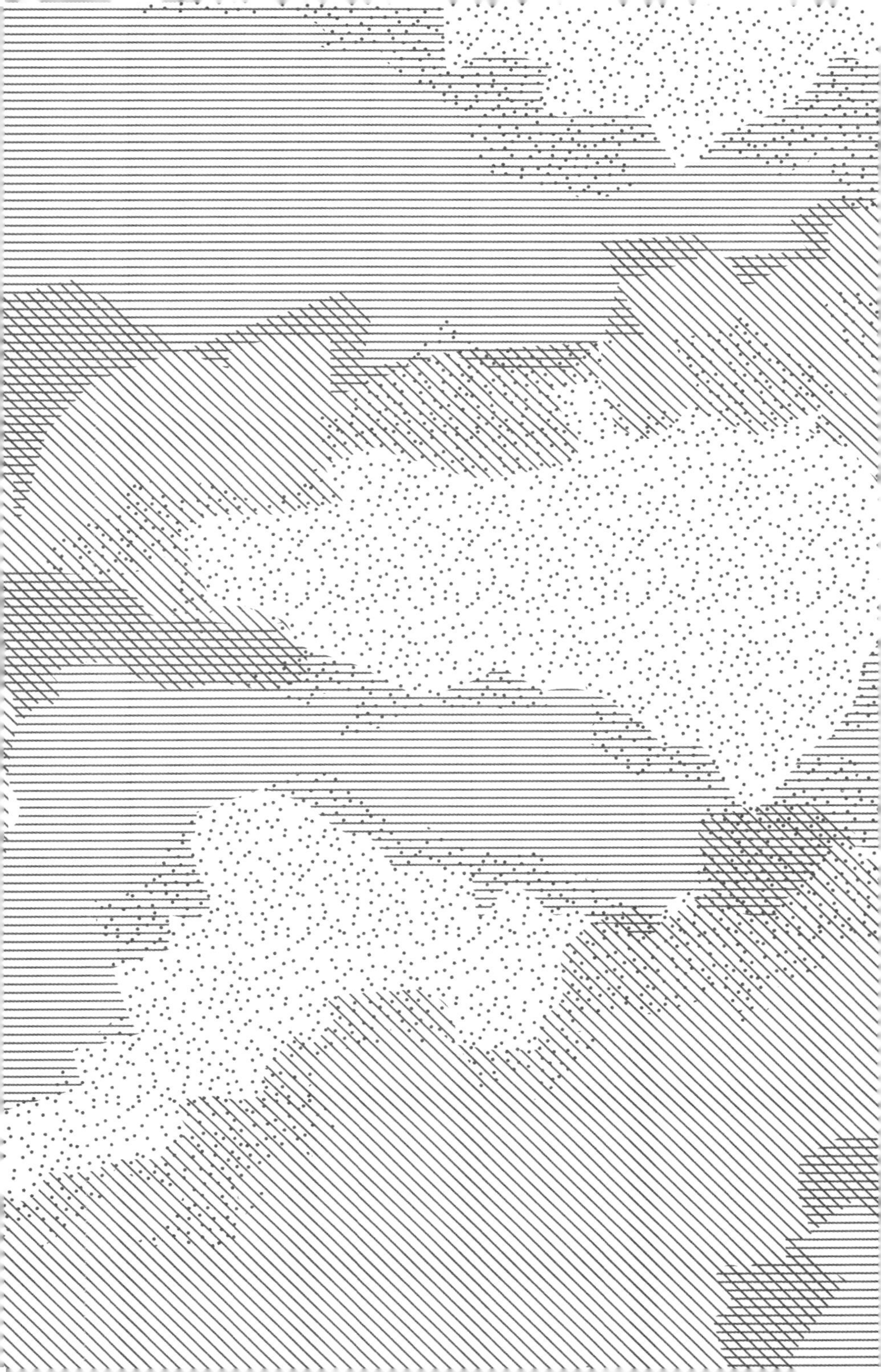

EXERCÍCIOS SISTÊMICOS
PAIS E FILHOS

Questão: **Filhos crescem e em determinado momento precisam sair de casa ou tocar a própria vida.**

Exercício: **Para interromper este ciclo, ele agradece aos pais e toma tudo que eles deram. Tudo bom e ruim e é o suficiente. Quando digo que é o suficiente, o ruim já ficou aqui e o bom ficou aqui.**
"A partir de agora, sigo minha vida e me tomo como adulta. Eu tomo a minha vida pelo preço que ela lhe custou."

Questão: **Para quem teve pai que trabalhou muito.**

Exercício: **"***Eu tomo minha vida pelo preço que ela custou a você e a partir de agora eu dou conta, vocês me deram o suficiente. Eu sigo em paz.***"**

Questão: **Uma nova jornada do filho. Quando o filho vai ingressar numa carreira diferente da que o pai gostaria e não se sente com energia de iniciar.**

Exercício: **"***Eu vou despertar para um novo investimento e profissão. Pego tudo de ti inteiramente pagando o preço todo que custou a você e custa em mim. Me veja com bons olhos se eu construo uma nova área de atuação para mim. Por favor me dê apoio e me abençoe. Nessa posição nova eu preciso da sua ajuda e da sua força. Por favor se você puder me apoiar em algo, eu estou aberto, porque sou menor nesta área.***"**

A questão: Separação, pais em relação aos filhos.

Exercício: Sugere-se que os pais que se separaram digam para os filhos:
"Nós nos separamos como homem e mulher, sempre seremos seu pai e sua mãe. Essa é uma separação de casal e não de família. Quando acaba o casamento a família não se acaba"

A questão: Pais e filhos em conflito. Muitas vezes, você idealiza os pais de uma maneira, mas eles vieram de uma realidade difícil. Existem pais que apanhavam, pais que sofreram, que não tiveram amor dos pais, que tiveram pais que bebiam. Aqueles pais que você tem, são perfeitos como são. A Constelação Familiar e o pensamento sistêmico encorajam a responsabilidade individual e não dão nenhum espaço à incriminação. Quando reconhecemos que temos bons pais, nos tornamos mais fortes.

Exercício: (para o filho) imagine-se dizendo para cada um dos pais:
"Eu reconheço em você meu pai, minha mãe. Você tem a minha gratidão. Você é o pai certo – mãe certa para mim. Eu o agradeço pelo dom da vida."

A questão: Mulher que repete comportamento da mãe. Muitas mulheres juram que não irão se comportar como suas mães se comportaram.

Por exemplo, havia uma cliente cuja mãe tinha compulsão por compras e ela cresceu dizendo que não faria o mesmo que a mãe. Ela se casa, se torna adulta e ganha seu dinheiro. Então, se pega fazendo o que não quer: comprando compulsivamente, repetindo exatamente o comportamento que recriminava. Aquilo que reclamava nos pais, está fazendo.

Exercício: Primeiro, foque naquilo que te vincula a sua mãe e perceba que é justamente aquilo que negava em sua mãe que te iguala a ela. Pode ser feito, mesmo que ela não exista fisicamente. Diga, então:

"Para pertencer à nossa família, inconscientemente eu me identifico com essa sua compulsão, que é uma coisa que eu nego. E eu aceito isso em você, mas me abençoe, se posso fazer diferente."

Questão: Separação. Em casos de separação entre casais, muitas vezes não se respeita a história dos dois parceiros.

Exercício: Sugere-se que um diga ao outro:
"Aceito as boas coisas que você me deu. Isso representa muitas coisas e eu as conservarei cuidadosamente. Aquilo que dei a você, dei com alegria, e isso lhe pertence. Assumo a minha parte da responsabilidade pela nossa separação e deixo para você a sua parte de responsabilidade. Eu o deixo em paz agora."

A questão: Quando repetimos o que marido ou mulher anterior fazia. Aquilo que você reclamava do seu marido você acaba fazendo, e fica na confusão. Isso era meu ou era dele? Realmente, o vínculo anterior permanece apenas pelo tempo da convivência, sem a necessidade de ficar vinculado ao que não lhe agrada.

Exercício: Olhando para o relacionamento como um vínculo amoroso que existiu e também encarando as dificuldades que foram reais, diga:
"Eu reclamava que você deixava os sapatos fora do lugar e hoje quem faz isso sou eu. Eu não preciso ficar vinculada a você e nem você a mim por questões que nos incomodavam naquela época... Hoje o que você faz da sua vida não me incomoda e aquilo que é seu, eu nada posso fazer. Porém, com o que é meu, eu posso. Então, a partir de hoje, posso fazer diferente. O tempo que convivemos ficou no passado. Agora você segue seu destino e eu sigo o meu."

ANTEPASSADOS

A questão: Ganhar força dos antepassados.

Exercício: Uma forma de fazer este exercício é testando a posição em que podemos extrair a força de que necessitamos dos antepassados quando nos sentimos frágeis no relacionamento. Imagine sua mãe e avó, caso seja mulher. Imagine seu pai e avô, caso seja homem. A ordem é você, sua mãe ou pai e, atrás deste, a avó ou avô. Imagine primeiro um, depois o outro, ou ambos atrás de você com as mãos sobre os seus ombros, te trazendo firmeza, aterramento para fortalecer e vá perguntando a si mesmo, em cada movimento, se sente força ou fraqueza, dessa maneira, até que se sinta confortável, e então diga:
"Preciso de sua força para olhar essa situação e do seu bom exemplo. Gratidão."

A questão: Apoiar-se em seus antepassados para buscar sua raiz. Quando vejo uma árvore cortada no tronco, brotando, me vem à mente que os brotos foram buscar a força na raiz, para seguir a vida. E faço uma metáfora com a boa raiz da árvore de nossa vida. Sinto-me feliz quando vejo que dei boa raiz para meus filhos, permitindo também que eles bebessem na fonte da história da família e é essa a consciência, que os pais devem ter, de dar uma boa raiz aos seus filhos, reconhecendo o lado bom da família. Nossa vida vem dos nossos antepassados. Eles são a nossa fonte. Nossos pais nos colocam em contato com a fonte da vida. Quando honramos os antepassados, honramos esta fonte.

Exercício: Imagine seus pais em pé atrás de você e os pais deles atrás, e ainda atrás os pais dos pais e assim sucessivamente, até remontar um número incalculável de gerações. Imagine uma luz intensa atrás deles e que essa luz os inunda e se espalha sobre você, seus filhos e descendentes.

Deixe-se invadir por um profundo sentimento de gratidão.

FRASES PARA AJUSTE SISTÊMICO

Ao Longo da minha vida como psicóloga e consteladora, reunindo conhecimentos acerca de assuntos diversos que fizeram com que eu criasse meu instituto, no qual formo consteladores e terapeutas de diversas áreas de atuação, fui reunindo as frases que dava para meus alunos poderem utilizar em seus atendimentos com Constelação Familiar.

Estas frases podem fazer sentido para você, caso estejam dentro de algum contexto que você está vivendo neste momento. Caso se identifique com alguma questão, utilize o ajuste correspondente, dizendo a frase em voz alta, firme e amorosa sempre com respeito. Imaginando o contexto, a situação, a pessoa, o sistema, conforme instrução, para abrir possibilidades de modificar a questão através de uma expansão de consciência.

A questão:
Sabe aquela situação em que você sente que a responsabilidade pode ter sido sua? Que você teve consciência dos seus 50%? Pois é. Muitas vezes, estamos presos em tais situações e a relação fica com aquele resquício porque não passamos a briga a limpo. Em tais casos, você pode dizer a frase para a pessoa ou imaginar a pessoa e dizer a frase em voz alta, firme e de forma respeitosa.

As frases:
Eu sinto muito ...
Eu estou(a) disposto ...
O erro foi meu.

A questão: Sabe aqueles momentos em que a mãe só observa os aspectos ruins do filho, sem conseguir enxergar tudo de bom que a criança ou adolescente faz? Ou quando a mulher ou homem não enxerga as qualidades do parceiro e foca apenas nas atitudes que acredita que poderiam melhorar? Em tais casos, a frase pode funcionar:

A frase:
Vou promover o agradecimento em vez de cobrar.

A questão: Existem muitas mulheres e homens que são tidos como poderosos em suas áreas de atuação e acabam acumulando tarefas, sem se dar conta de que poderiam pedir ajuda para realizar aquilo que é necessário.

A frase:
Vou solicitar ajuda em vez de tentar superar tudo sozinho.

A questão: Em alguns momentos da vida, há pessoas que se colocam no papel de vítimas e vestem esse manto, negando que podem sair desse lugar. Aquela pessoa, que está habituada a dizer que "não pode" fazer determinada coisa porque não pode pagar, por exemplo, e sempre usa a desculpa do dinheiro, sem perceber que existe uma facilidade maior em negar quando se pode construir uma nova possibilidade.

A frase:
Quando for possível direi sim, em vez de só negar.

A questão: Muitas vezes, os conflitos entre pais e filhos são profundos e os padrões de comportamento são arraigados de tal forma que não percebem a maneira como agem. Em alguns casos, os filhos não são capazes de perceber aquilo que os pais lhes ofereceram de melhor, e vivem cobrando dos pais aquilo que não tiveram, sem receber o que lhes é dado.

A frase:
Simplesmente irei receber em vez de resmungar.

A questão: Sabe aqueles conflitos intermináveis entre casais que se separaram? Pessoas que terminam o relacionamento e continuam buscando desqualificar o parceiro anterior, envenenando uma relação que já não existe mais e bloqueando o futuro? Existe uma maneira de neutralizar essa situação.

A frase:
Vou reconhecer em vez de desqualificar.

A questão: Muitas vezes, as pessoas, mesmo depois de adultas, continuam agindo como se fossem crianças, fugindo de situações que poderiam encarar. Situações estas que poderiam promover seu amadurecimento enquanto adultos.

A frase:
Permito promover a permanência em vez de fugir às pressas.

A questão: Em diversos momentos – seja na vida profissional, matrimonial ou em sociedade, culpamos os outros por algo que acontece a nós, excluindo nossa parcela de responsabilidade naquela situação.

A frase:
Permito promover o "assumir a responsabilidade, quando acontecer algo injusto" em vez de negar e transferir a responsabilidade aos outros.

A questão: Quando filhos não honram seus pais, discordando de suas opiniões de maneira que acabam querendo tomar decisões que não lhes cabe, devem seguir sempre a ordem e hierarquia familiar, relembrando a seguinte frase:

A frase:
Você chegou antes e, mesmo que eu não concorde com algo, mesmo assim, eu te honro, respeito o seu lugar, o meu vem depois.

A questão: Em desentendimentos entre irmãos mais velhos e irmãos mais novos, quando os irmãos mais novos desrespeitam a ordem, deve-se fazer a reflexão e, consequentemente, o ajuste através da seguinte frase:

A frase:
Aqueles que chegaram antes têm a primazia sobre os que vieram depois.

A questão: Inúmeras vezes, estamos demasiadamente emaranhados em problemas, mas não nos abrimos para buscar soluções. Nestes casos, devemos reconhecer que temos a responsabilidade de abrir caminho para que possamos encontrar o que deve ser curado.

A frase:
Abro-me para encontrar o que deve ser curado em mim.

A questão: Algumas pessoas preocupam-se tanto com as relações passadas que não conseguem seguir adiante, nem abrir possibilidades para novos amores. Como costumo dizer: "se tem entulho na porta, como colocaremos algo novo para dentro?".

A frase:
Me abro para receber a libertação.

A questão: É comum que, quando adultos, ainda tenhamos padrões emocionais infantis e não lidemos com determinadas situações de forma adulta. Em alguns casos, mal reconhecemos que estamos agindo de maneira infantil diante de problemas com soluções que se escancaram diante de nós. Agimos como crianças birrentas que não querem enxergar a solução.

A frase:
Sou adulto e entendo como adulto, não mais como criança.

A questão: Muitas pessoas se identificam com o destino de seus avós ou pais, e diante de constelações, percebem que aquele não é seu destino. Nem sempre é necessária uma Constelação para que a pessoa perceba que está seguindo determinado padrão. Neste livro, se seguiu as reflexões e se deu conta disso, pode repetir a frase quando encontrar determinado padrão.

A frase:
Aquilo que é seu deixo com você e levo o que é meu.

A questão: Muitas vezes as pessoas sofrem em empregos que não gostam ou se martirizam como se quisessem sofrer como seus antepassados sofreram, para construir algo. Não percebem que os antepassados já passaram por aquilo e para honrar o sacrifício deles não é necessário sofrer também.

A frase:
Eu te honro por tudo que você passou e fez.

A questão: Pais e mães frequentemente impedem que seus filhos evoluam, não permitindo que cresçam e sigam seus próprios caminhos, adquirindo autonomia e liberdade.

A frase:
Sigo a minha vida deixando livre o que precisa ser livre.

A questão: Quando percebemos que algum familiar havia sido "esquecido" ou excluído do convívio ou da memória familiar por qualquer motivo.

A frase:
Eu te incluo e agora você retoma novamente o seu lugar.

A questão: Quando estamos identificados com alguém que já faleceu.

A frase:
Eu ainda permanecerei por algum tempo e, enquanto eu ficar, contribuirei com pleno desempenho.

A questão: Quando paramos no tempo e não percebemos que podemos avançar e progredir, seja porque não queremos dar o próximo passo ou porque estamos apegados ao passado.

A frase:
Novos caminhos se abrem para um grande aprendizado.

A questão: Muitos seguem com pensamentos obsessivos compulsivos, contaminando o próprio corpo com imagens perturbadoras que deixam o mental preso a doenças.

A frase:
Eu afirmo que minha alma está em paz, que meu corpo está curado e que minha mente está livre.

A questão: Muitas crianças crescem com mágoas dos pais que se separaram e as envolveram em questões que não lhes cabia. Dessa forma, foram gerados conflitos durante toda a vida. Tais crianças, mesmo depois de crescerem, devem anular essa história e afirmar que sendo crianças não tinham como resolver questões que não lhes cabiam.

A frase:
Como criança tentei resolver questões de adultos que não me cabiam.

A questão: Muitos de nós têm como hábito resolver a vida de pais, irmãos, amigos e não olham para a própria vida. Ficam, sobretudo, demasiadamente preocupados com conflitos familiares que não lhes dizem respeito.

A frase:
Como adulto eu digo: dou conta, sou capaz de resolver questões que são minhas.

A questão: Eu já conheci muitas pessoas que, por medo, deixaram de agir em inúmeras situações. Pessoas que ficam estagnadas na vida, concentradas em tudo que pode acontecer de ruim ao invés de focarem no positivo.

A frase:
Querido medo, agora eu comando e sou grata por você tentar me proteger.

A questão: É comum que as pessoas ajam repetindo padrões de seus ancestrais, deixando que determinados conflitos se repitam e resolvendo-os da mesma maneira que estes ancestrais os resolveram.

A frase:
Eu amo você, querido ancestral, e me permita fazer do meu jeito, assim amorosamente te honro.

A questão: Em momentos em que precisamos de força ou estamos diante de dificuldades, podemos acessar a força de nossos ancestrais.

A frase:
Tudo neste momento é plena transformação de força poderosa em mim.

A questão: Quando estamos diante de um novo relacionamento e precisamos honrar o relacionamento anterior.

A frase:
Antes de você teve______________ e graças à saída de ______________ você pode entrar e assim seremos felizes.

A questão: Para casais que se tratam mutuamente como mãe ou pai um do outro.

A frase:
Eu sou seu(a) _________ e você é meu (minha) _________.

Portanto, não posso ser seu(a) pai(mãe).

A questão: Quando existe desequilíbrio entre o dar e receber.

A frase:
A minha relação afetiva terá sucesso na medida que equilibramos dar e receber em igualdade.

A questão: Quando a relação é estremecida pela divergência de opiniões, cultural ou em conflitos familiares.

A frase:
Eu e você seguimos juntos como companheiro (a), respeitando as diferenças e aproveitando as afinidades.

A questão: Quando o casal não respeita a família do outro, a cultura ou tradições do parceiro.

A frase:
Eu respeito a sua origem, peço que respeite a minha, assim nos equilibramos.

A questão: Quando filhos saem da casa dos pais.

A frase:
Eu sigo o meu destino e deixo com você o seu destino.

A questão: Quando não temos intimidade com os parentes, mesmo assim devemos honrar nossa história porque trata-se da lei do pertencimento.

A frase:
Me encaixo totalmente na história da minha família.

A questão: Esta frase encaixa-se quando existe a repetição no caso do dedo podre, falência em família, ou quando repetimos padrões.

A frase:
Eu tenho o poder de quebrar padrões de repetições em mim e, assim, cessar essas repetições que já não fazem sentido.

A questão: Quando acreditamos que só podemos ser felizes quando estamos ao lado de alguém.

A frase:
Eu estou comigo mesmo, portanto não estou só eu sou a minha primeira melhor companhia.

A questão: Quando rejeitamos repetidamente alguém com um padrão de comportamento.

A frase:
Tudo o que rejeito volta para mim mesmo, eu não rejeito mais, eu entendi.
Eu incluo o tudo o que eu rejeitei.

A questão: **Quando culpamos nossos pais por algo que nos fizeram no passado.**

A frase:
Agora compreendo que meus pais são humanos, portanto factíveis de erro comum.
Querido papai, agora compreendo você.
Querida mamãe, agora compreendo você.
Queridos pais, agora compreendo vocês.

A questão: **Quando somos irredutíveis e compreendemos determinadas situações depois de algum tempo, para limparmos o coração e colocarmos perdão nas situações e relações.**

A frase:
Queridas pessoas, agora compreendo vocês.
Sinto muito. me perdoa. eu te amo.
Sinto muito por ter sido arrogante.
A culpa não tem culpa e não faz sentido algum.
Eu preciso da sua bênção para seguir à frente.
Eu te abençoo.
Gratidão imensa por tudo.

A questão: **Depois de um período de brigas.**

A frase:
Quantas, tantas foram as lutas, agora é hora de cessar; e eu me aquieto e em mim tudo se aquieta numa profunda paz.

A questão: Quando necessitamos de orientação de nossos ancestrais.

A frase:
Por favor, me dê apoio.
Nesta posição eu preciso da ajuda de vocês.
Nesta situação eu preciso da ajuda do senhor(a).

A questão: Quando seguimos adiante em nossa vida, tomando a nossa vida de nossos pais.

A frase:
Hoje, eu tomo a minha vida pelo preço que custou a vocês e faço um bom uso dela, prosperando e sendo feliz, totalmente saudável.

A questão: Quando devolvemos um segredo a alguém para não nos responsabilizarmos por ele.

A frase:
Preciso te devolver a responsabilidade em vez de tentar assumir a culpa no seu lugar.
Isto não é meu e você deve arcar com as consequências.
Te devolvo isto que é da sua responsabilidade.

A questão: Qualquer situação em que existe desavença entre duas pessoas.

A frase:
Promovo a integração dessa situação desagregada em vez de tomar partido.

A questão: **Quando existem desentendimentos entre os pais.**

A frase:
O que há entre vocês dois, não me cabe. Aí eu não me intrometo; sou pequeno diante da sua grandeza, meu pai e minha mãe.
Eu prezo a ambos e gostaria de ter um bom relacionamento com vocês.
Eu não posso decidir por vocês.
Por favor, me possibilitem ficar fora dessa decisão.

A questão: **Separação entre casais ou mãe que perdeu o filho.**

A frase:
Eu, agora, me desapego e deixo você livre.

A questão: **Para viúvos ou viúvas.**

A frase:
Eu o honro como meu amado(a), que morreu, e também honro o seu destino. Fico com meu destino e abro nova possibilidade de amar e ser amado(a).

A questão: **Para colocar no passado o que foi do passado, sejam relacionamentos ou empregos.**

A frase:
Eu, agora, dou a você um bom lugar no meu passado.

A questão: **Quando a mulher é casada com um filhinho da mamãe que cobra dela que faça coisas como sua mãe.**

A frase:
Eu conheço o seu desempenho. Não posso fazer por você, sei do quanto é capaz.

A questão: **Questões gerais do relacionamento dos filhos com os seus pais.**

As frases:
Eu assumo as minhas escolhas.
Eu agradeço pela proteção.
Agora já posso cuidar de mim.
Por favor, me olhe com amor se eu faço do meu jeito.
Eu tomo, eu tomo, e assumo a minha posição.
Respeito as suas escolhas da forma como foram.
Honro o seu caminho.
Gratidão, eu recebi o suficiente.
Tudo o que recebi foi na medida certa.
Eu vejo você e permito que me veja também.
Eu tomo meu lugar e devolvo o seu.
Agora, basta, não estou mais disponível.

Agradeço e aceito tudo o que me deu; farei bom uso.
Isso é meu: não tem nada a ver com você.
Por honrá-los, farei diferente.
Gratidão por me permitir fazer diferente.

A questão: **Para reconhecer que somos 50% pai e 50% mãe.**

A frase:
Sou 50% meu pai e 50 % minha mãe. Sou 100% eu por inteiro.

A questão: **Quando os nós se transformam em laço de amor.**

A frase:
Nós não precisamos mais repetir isso, agora é um novo tempo de amor.

A questão: **Quando recebemos muito de alguém e temos que partir para algo novo.**

A frase:
Obrigado(a), você lapidou o meu melhor.

A questão: **Quando os antepassados tiveram uma vida sofrida.**

A frase:
O caminho foi longo e cheio de desafio, agora é comigo.

A questão: **Para todos os momentos.**

A frase:
Eu me permito ser humanamente bom (a).
Eu me permito ser humanamente feliz.
Eu me permito ser humanamente humano.

PERGUNTAS SISTÊMICAS

Lei da Hierarquia

1. Será que eu estou olhando com respeito e amor para quem veio antes de mim na minha família ou estou só julgando as atitudes que considero ruins?
2. Eu olho para meus pais e vejo-os como se fossem mais fracos que eu? Como se eles não pudessem resolver os problemas deles?
3. Eu costumo me intrometer nas discussões entre meus pais e tomar partido de um contra o outro?
4. Acabo me tornando 'pai ' ou 'mãe' do meu irmão mais novo? Ou assumo meu lugar de irmão – irmã?
5. Acho que sou mais importante ou que tenho mais direitos que meus irmãos mais velhos?
6. Bato o pé, pois quero ser mais importante que os filhos do primeiro casamento do marido – esposa?
7. Desconsidero os relacionamentos que vieram antes ou tenho um bom lugar para todos no passado?

Lei do Pertencimento

1. Existe em sua família alguma pessoa que foi excluída ou não incluída, independentemente do motivo?
2. Você ou algum de seus antepassados prejudicou ou foi prejudicado, excluiu ou deixou de reconhecer com justiça alguém em seu ambiente de trabalho ou numa sociedade?
3. Você, seus pais ou avós tiveram filhos abortados?
4. Alguém na sua família tem déficit de atenção, angústia de separação, depressão, doença física degenerativa, ou síndrome do pânico?

5. Você tem o perfil de começar algo e desistir, com dúvidas sobre o que fazer e dificuldade em escolher um caminho a seguir?
6. Você tem uma sensação de que falta alguém ou percebe isto em alguém de sua família?
7. Em algum momento já sentiu que estava sem conseguir realizar nada na vida?

Lei do Equilíbrio

1. Reconheço que as pessoas que mais me deram foram meus pais ou fico sempre sentindo um ressentimento daquilo que não puderam me dar?
2. Nas minhas relações com meus irmãos e mesmo com os meus pais, levo em consideração a minha capacidade de dar e também de receber?
3. As minhas relações de troca com os pais do meu marido ou minha esposa estão equilibradas? Ou eu dou muito mais do que recebo? Ou recebo mais do que posso retribuir?
4. Tenho oferecido ao mundo todas as minhas possibilidades de fazer o certo e gerar transformações? Ou apenas usufruído do outro?
5. Como tenho agido com relação de troca? Sei respeitar os limites de todos eles? E me fazer respeitar?
6. Tenho expressado gratidão ou apenas tenho cobrado mais e aumentado cada vez mais minha dívida com o universo?
7. Na matemática do amor sou apaixonado(a) e faço de tudo pela outra pessoa? Ou essa é a situação do meu par? Ou Estou em equilíbrio?

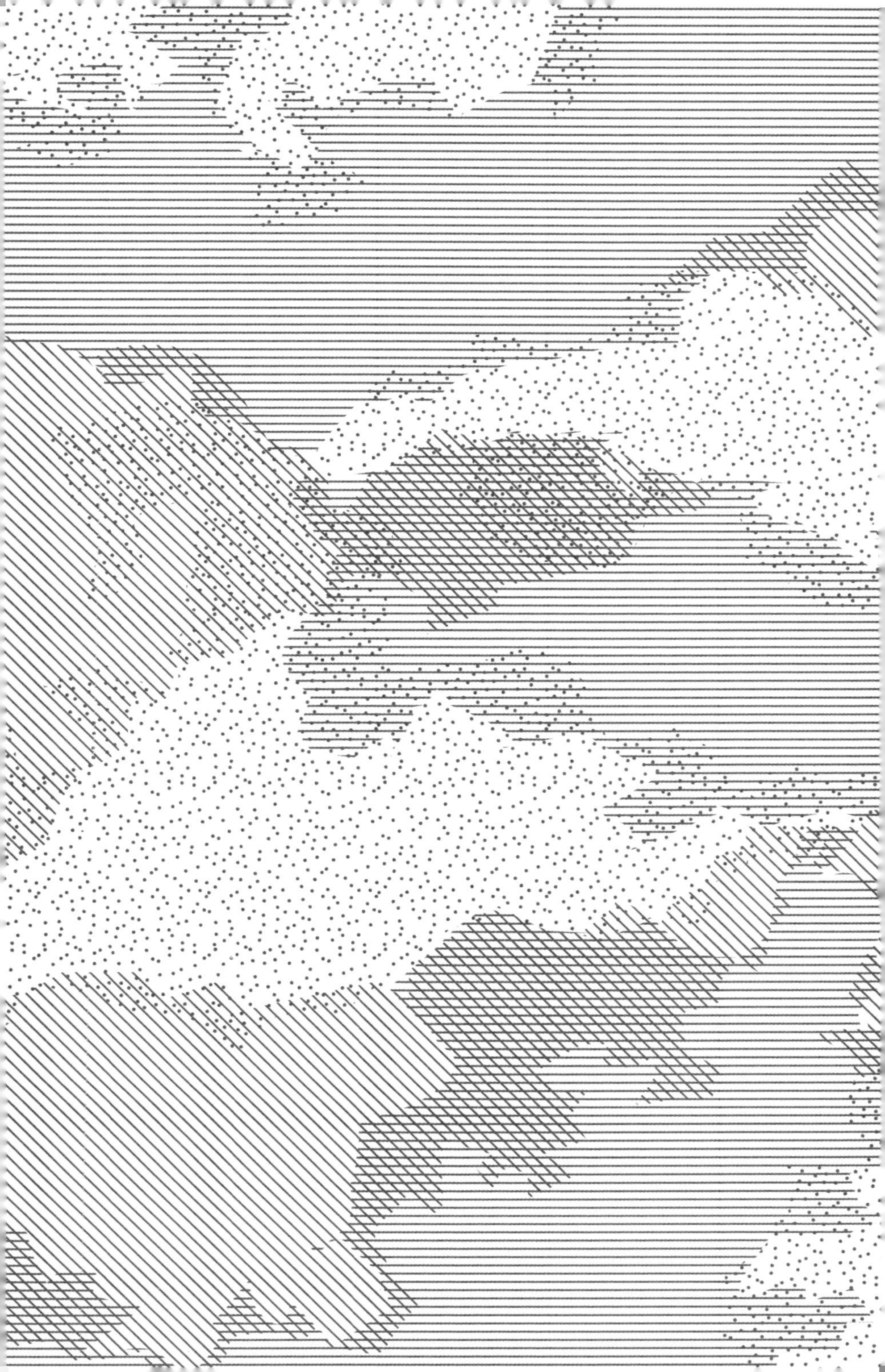

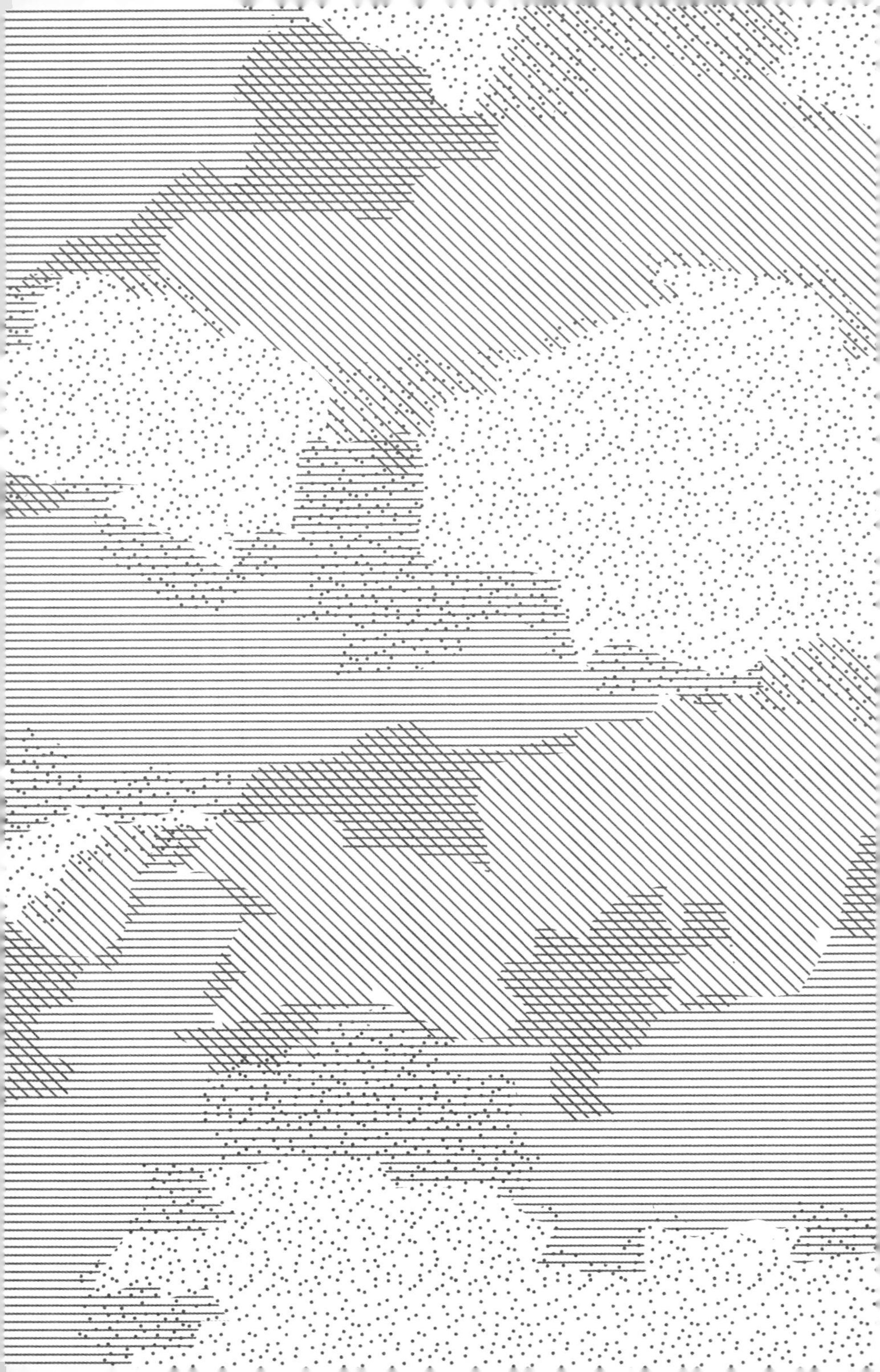

conclusão

A história de cada um é única.

O Milagre da Aliança, como aconteceu na minha família, poderá acontecer na sua de forma única e genuína, que só poderá ser narrada por você mesmo!

Assim como vivi a história que contei a você no decorrer do livro, eu vivenciei plenamente cada parte, até encontrar a plenitude daquela situação, seja em minha vida pessoal e familiar, profissional ou da minha missão com Maria, mãe de Jesus, filho de Deus.

Eu desejo da inteireza do meu ser que você possa recorrer a este livro sempre que necessário como o seu livro de cabeceira da família. Pois, conflitos diferentes podem surgir conforme as situações se apresentam e você terá uma ferramenta de base cientifica para produzir laços de amor.

Espero que através da leitura deste livro você tenha conseguido chegar até bem juntinho da sua raiz e se fortalecer a ponto de alcançar grande expansão de consciência que lhe permite enxergar a vida de uma outra maneira. Que através das histórias que contei, da teoria que procurei trazer de maneira leve e dos pequenos ajustes e frases, você possa praticar a dinâmica do pensamento sistêmico no seu dia a dia e libertando-se dos emaranhados sistêmicos.

Todos nós merecemos uma vida plena de abundância, alegria e prosperidade. Se muitos de nós ainda não conseguimos enxergar a vida com toda a maravilha que ela apresenta, acredito, porque ainda estamos apegados às histórias familiares, repetindo padrões que impedem o livre fluxo de amor entre os membros de uma família e agora que você tem um livro que serve como ferramenta de autotransformação, me ajude a chegar a mais famílias e, então, construiremos um mundo melhor. Aproveite para presentear as pessoas que precisam dissolver os nós que as impedem de ter laço de amor com a família e usufruir da maravilha que é viver a vida plena e abundante.

Aprender abrir espaço para uma nova compreensão, trazendo soluções possíveis, dissolvendo emaranhados inconscientes para encontrarmos a cura destes padrões limitantes são soluções libertadoras que todos merecem viver.

Confesso que a cada relato que tenho de alguém que amplia sua consciência e liberta-se dos emaranhados, me sinto grata ao Universo por poder contribuir efetivamente e principalmente por compartilhar este conhecimento, que aliei a outras terapias, já que minha formação abarca minhas vivências, estudos complementares e dinâmicas de vida que incorporei ao método para criar algo novo e potente.

Acredito que através deste livro você tenha encontrado soluções para problemas específicos que estivesse vivendo. Que tenha solucionado questões emocionais, e percebido o que é essencial no convívio em família.

Este livro é só o início de uma jornada que estamos compartilhando, eu e você. Reforço o convite para trilharmos juntos um caminho de amor. Meta essencial para evitarmos crises e enfermidades que vivemos em nossos sistemas.

Porque podemos escolher com responsabilidade e inteireza a vida que queremos viver daqui em diante e, se estivermos dispostos a mudar nosso coração, daremos um novo rumo ao nosso destino, conseguiremos ter plenitude, prosperidade e uma vida livre dos gatilhos que roubam nossa atenção e energia, que poderiam estar voltadas para nosso desenvolvimento pleno.

Quero ainda lhe propor que a partir de hoje você se comprometa em usar esse poder que existe em você, de modificar tudo o que te incomoda dentro de seu sistema familiar. E que possa, finalmente, tomar a vida pelas próprias mãos e seguir em busca de cura, abundância, felicidade e espalhar luz em seu caminho e no caminho das pessoas que cruzarem com o seu.

Meu propósito é o de espalhar tudo aquilo que reuni de informação e conhecimento com o objetivo de auxiliar as pessoas para que possamos ter um mundo mais equilibrado e com a família feliz.

Utopia? Talvez a Psicologia Positiva que aplico na prática diária tenha feito com que eu exercitasse o músculo do coração para enxergar sempre o lado positivo das situações e pessoas. E enxergar o lado positivo nos faz vibrar esperança, nos faz criar transformações, modificar nossas vidas e confiar no coração para que ele possa nos conduzir à plenitude.

Deixe ser guiado por esta força do amor, que nos impulsiona a uma outra dimensão e interligue-se com as dádivas e bênçãos do Universo tornando-se fonte de luz.

Conte comigo em sua jornada. Estarei sempre vibrando por você e com você bem pertinho do seu coração.

Seja você o Milagre da Aliança na sua família!

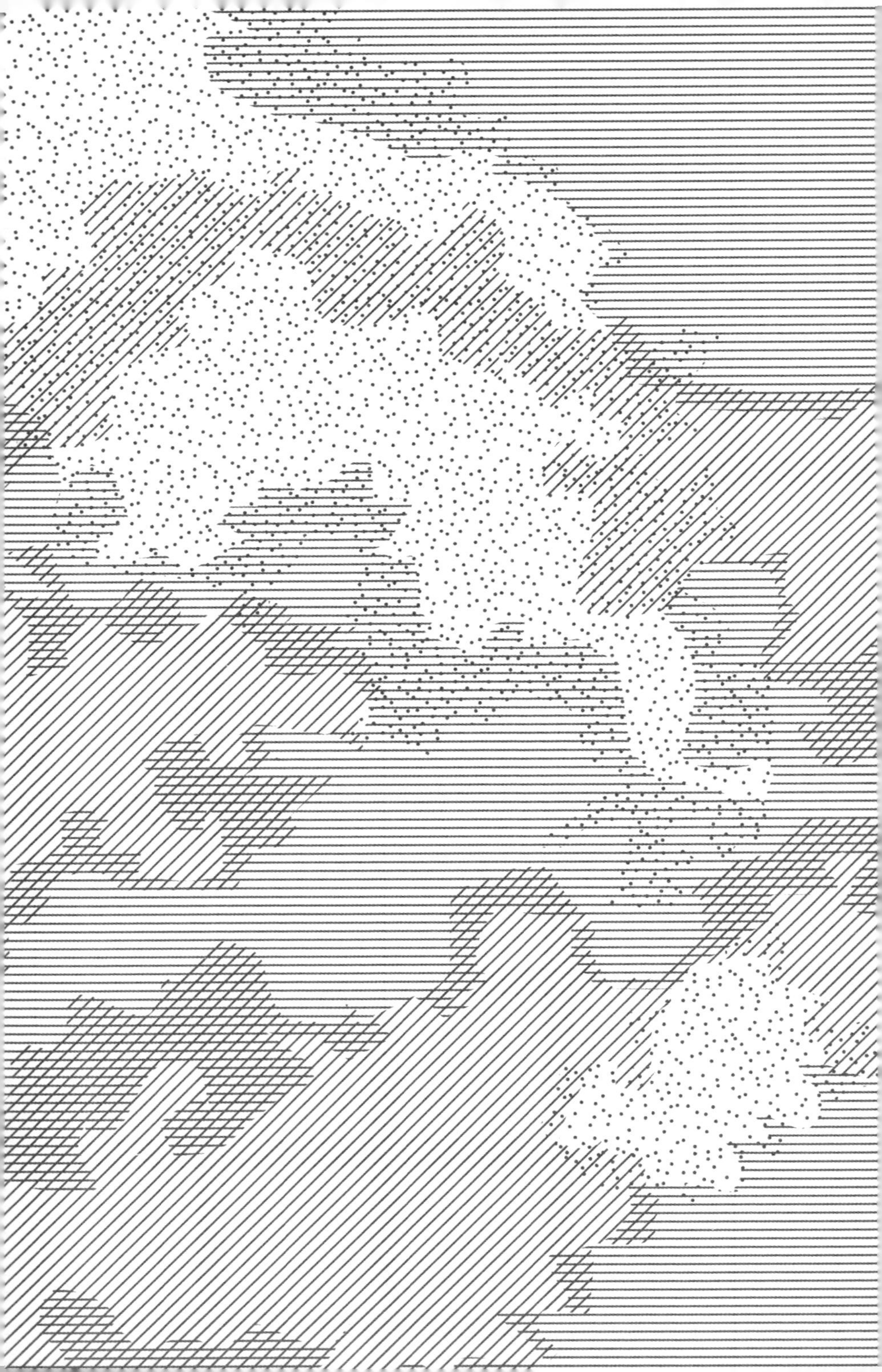

FONTES Yoga Pro, Scandia
PAPEL Alta Alvura 75 g/m²
IMPRESSÃO RR Donnelley